Karla Hö

Das Leben des Wolfga

Die Autorin:

Karla Höcker, gebürtige Berlinerin, studierte auf der Staatlich-Akademischen Hochschule für Musik und war zehn Jahre lang Mitglied des »Bruinier-Quartett«. Seit 1938 veröffentlichte sie 30 Bücher, die sich meist mit Themen aus der Musik beschäftigten. Der Roman ›Die Mauern standen noch‹ wurde 1945 mit dem Verlagspreis des Berliner Kulturbuchverlages ausgezeichnet. Bücher über Wilhelm Furtwängler festigten ihren Ruf als Musikschriftstellerin. Im Jahre 1977 wurde Karla Höcker zum Professor e. h. ernannt. Während ihrer musikpädagogischen Tätigkeit erkannte sie, daß es an Lebensdarstellungen großer Musikerpersönlichkeiten fehlt. So schrieb sie mit Erfolg die Biographien ›Das Leben von Clara Schumann, geborene Wieck‹, in der dtv junior Ausgabe mit dem Titel ›Clara Schumann – Die große Pianistin ihrer Zeit – Die Lebensgefährtin Robert Schumanns – Die Freundin von Johannes Brahms‹, Band 79015, dann das vorliegende Buch und ›Franz Schubert in seiner Welt‹, dtv junior 79019, ›Johannes Brahms. Begegnung mit dem Menschen‹, ›Carl Maria von Weber. Schöpfer der Romantischen Oper‹, dtv junior 79027, und ›Ein Kind von damals‹, Erinnerungen, in denen sie die Epoche ihrer eigenen musikdurchdrungenen Kindheit vor dem Ersten Weltkrieg schildert.

Karla Höcker lebt heute noch in Berlin. 1982 erhielt sie das Bundesverdienstkreuz 1. Klasse.

Weitere Titel von Karla Höcker: siehe Seite 4

Karla Höcker

Das Leben des Wolfgang Amadé Mozart

Mit zahlreichen Abbildungen

Deutscher Taschenbuch Verlag

Federzeichnungen von Susanne Stolzenberg

Weitere Titel der Biographie-Reihe für Jugendliche und Erwachsene:
Karla Höcker, Franz Schubert in seiner Welt, Band 79019
Karla Höcker, Clara Schumann, Band 79015
Karla Höcker, Carl Maria von Weber. Schöpfer der Romantischen Oper, Band 79027
Ilse Kleberger, Käthe Kollwitz. »Eine Gabe ist eine Aufgabe«, Band 79020
Ilse Kleberger, Bertha von Suttner. Die Vision vom Frieden, Band 79026
Lisa Heiss, Wider die Tyrannen! Schillers Jugend, Band 79022
Frederik Hetmann, Bettina und Achim, Band 79012

Ungekürzter Text
1. Auflage Juni 1985
Deutscher Taschenbuch Verlag GmbH & Co. KG, München

ISBN 3-7817-0760-1
Umschlaggestaltung: Irmgard Voigt unter Verwendung eines Gemäldes von Joseph Lange aus dem Bildarchiv Preußischer Kulturbesitz, Berlin
Gesetzt aus der Bembo 10/12'
Gesamtherstellung: Kösel, Kempten
Printed in Germany · ISBN 3-423-79011-3
4 5 6 7 8 9 · 95 94 93 92 91 90

Inhalt

Titelseite der Violinschule Leopold Mozarts von 1756 mit seinem Bildnis

Das Salzburger Wunderkind

Das Haus steht noch in Salzburg: Getreidegasse 9. Die Wohnung, in der Wolfgang geboren wurde, liegt im 3. Stock. Sie hatte drei große Zimmer und eine Schlafkammer; in der Küche war der Boden mit Marmor belegt. Der Turm der Kollegienkirche blickte in den Innenhof des Hauses; man konnte ihre Glocken hören. Es waren nicht die einzigen Klänge, mit denen das Kind aufwuchs. Im Musikzimmer gab es Flügel, Klaviere, Streichinstrumente: Leopold Mozart war Musiker. Wolfgangs ältere Schwester Nannerl spielte mit sieben Jahren schon Klavier; Wolfgang war knapp drei Jahre, als er begann, Töne auf dem Instrument zusammenzusuchen, die schön klangen, die ihn entzückten, besonders Terzen. Die Mutter, Anna Maria, geborene Pertl, war freundlich, liebevoll, eine sorgliche Hausfrau und sehr sanft. Wolfgang hat manches im Wesen und der äußeren Erscheinung von ihr geerbt: den Sinn für volkstümlich derben Humor, die liebenswürdigen Umgangsformen, auch Ähnlichkeiten von Stirn- und Augenpartie – und ihre lange Nase. Leider wohl auch die Unfähigkeit, sich durchsetzen zu können.

Leopold Mozart war ernsthaft, genau vorausplanend und sorgend, sein Gesichtsausdruck hatte stets etwas Angestrengtes: er kannte die Welt. »Nach dem Lieben Gott kömmt gleich der Papa« – jahrelang galt für Wolfgang dieser Satz. Der Vater war Geiger der Erzbischöflichen Kapelle, unterrichtete die Chorknaben im Violinspiel und veröffentlichte in Wolfgangs Geburtsjahr den ›Versuch einer gründlichen Violinschule‹, die lange Zeit führend blieb. Die meisten seiner Kompositionen entstanden für den Bedarf des Hofes. 1762 wurde er Vice-Kapellmeister, und dabei blieb es. Es gelang ihm nie, den ersehnten 1. Kapellmeisterposten zu erhalten. Er empfand es als besonders kränkend, weil sein Bildungsniveau sich deutlich von dem damals üblichen der Musiker abhob.

Denn den Beruf des Musikers schlechthin gab es noch nicht. Die Kapellmitglieder der Adligen oder der Höfe rangierten unter den

Bediensteten höherer Ordnung. In musikalisch besonders interessanten Kreisen, beispielsweise des böhmischen Adels, wurden die Kammerdiener häufig in erster Linie nach ihren musikalischen Fähigkeiten ausgewählt. Manche dieser Häuser hatten daher vorzügliche eigene Kapellen.

Johann Chrysostomus Wolfgangus Theophilus Mozart wurde am 27. Januar 1756 geboren. Als Kind rief man ihn Wolfgang oder Wolferl; er selber nannte sich später Wolfgang Amadeo oder Amadeus, am häufigsten aber Wolfgang Amadé, auch Amadè geschrieben. Er war das siebente Kind der Mozarts, von denen außer Wolfgang nur seine Schwester Maria Anna, das Nannerl, überlebte. Die Säuglingssterblichkeit war im 18. Jahrhundert noch sehr groß, Kenntnis der Pflege und Hygiene gering. Als Wolfgang vier Jahre alt war, begann sich der Vater mit dem Talent seines kleinen Sohnes eingehender zu beschäftigen; er lehrte ihn kleine Stücke zu spielen. So heißt eine Eintragung ins Notenbuch 1761: »Dieses Stück hat der Wolfgangerl den 24. Januarii 1761, drei Täge vor seinem 5. Jahr nachts um 9 Uhr bis halbe 10 Uhr gelernet.« Bald erscheinen im Notenbuch auch Stückchen, die das Kind am Instrument spielend erfunden und der Vater aufgezeichnet hat; schließlich die ersten gekritzelten Noten des Kleinen. Sehr anschaulich hat über diese ersten Kompositionsversuche ein Freund der Familie, der Hoftrompeter Andreas Schachtner, nach Mozarts Tod an die Schwester berichtet:

»Einmal ging ich mit Herrn Papa nach dem Donnerstagsamte zu Ihnen nach Hause, wir trafen den vierjährigen Wolfgangerl in der Beschäftigung mit der Feder an.
Papa: Was machst du?
Wolfgang: Ein Conzert fürs Klavier, der erste Teil ist bald fertig.
Papa: Laß sehen.
Wolfgang: Ist noch nicht fertig.
Papa: Laß sehen, das muß was Sauberes sein.

Der Papa nahms ihm weg und zeigte mir ein Geschmiere von Noten, die meistenteils über ausgewischte Dintendolken geschrieben waren. Wir lachten anfänglich über dieses scheinbare Gallima-

Bildnis Wolfgangs 1770 in Verona

thias, aber der Papa fing hernach seine Betrachtungen über die Hauptursache, über die Noten, über die Komposition, an...

Sehen Sie, Herr Schachtner, sagte er, wie alles richtig und regelmäßig gesetzt ist, nur ists nicht zu brauchen, weil es so außerordentlich schwer ist, daß es kein Mensch zu spielen im Stande wäre.

Der Wolfgangerl fiel ein: Drum ists ein Conzert, man muß so lange exercieren, bis man es treffen kann, sehen Sie, so muß es gehen. Er spielte, konnte aber auch just soviel herausbringen, daß man erkennen konnte, wo er aus wollte. Er hatte damals den Begriff, daß Conzert spielen und Mirakel wirken einerlei sein müsse.«

Diese Entwicklung setzte sich mit so unglaublicher Schnelligkeit und Leichtigkeit fort, daß Leopold Mozart, der in der Erziehung seiner begabten Kinder eine göttliche Sendung sah, überzeugt war, er dürfe solche Naturwunder nicht der Welt vorenthalten. So entstand der Plan, beide auf Reisen vorzustellen, in erster Linie den Höfen. Voraussetzung hierzu war ein längerer Urlaub des Vice-Kapellmeisters, den der Erzbischof ihm gnädig gewährte.

Reisen waren damals strapaziös und reich an unvorhergesehenen Abenteuern. So gab es um die Mitte des 18. Jahrhunderts keine Wasserversorgung, keine ausreichende Beleuchtung, und die Landstraßen waren ungepflegt und verursachten häufig Radbrüche oder andere Unfälle. Man reiste mit der Postkutsche, der schnelleren und kostspieligeren Extrapost oder im eigenen Wagen. Im letzteren Fall wurden Postpferde von Station zu Station gemietet und auch der Kutscher meist für bestimmte Strecken in Dienst genommen. Im ersten Fall war man von den Fahrzeiten der Postverbindungen abhängig, von der Zahl der Mitreisenden – bis zu acht Personen konnte eine Postkutsche aufnehmen –, vom Wetter, dem Zustand der Straßen und den Zollkontrollen der zahlreichen Grenzen, die zu passieren waren. Die Durchschnittsgeschwindigkeit betrug 10, höchstens 14 Stundenkilometer. In der Zeit, in der man damals von Salzburg nach Innsbruck reiste, kann man heute nach Amerika und zurück fliegen.

Die erste Reise der Familie Mozart führte nach München, die zweite, im Herbst 1762, an den Habsburgischen Hof. Über die

Ankunft in Wien berichtet Leopold Mozart seinem Freund und Hauswirt, dem Kaufmann Johann Lorenz Hagenauer: »Eines muß ich besonders anmerken, daß wir bei der Schanzlmaut ganz geschwind sind abgefertiget und von der Hauptmaut gänzlich dispensiert worden. Daran war unser Wolferl schuld; denn er machte allsogleich Vertraulichkeit mit dem Mautner, zeigte ihm das Klavier, machte seine Einladung, spielte ihm auf dem Geigerl ein Menuett, und hiermit waren wir expediert.« Die Familie wohnte »unweit der hohen Brucken im Tischler-Hause«, also privat. Die Kunde von den beiden Wunderkindern aus Salzburg war ihnen schon vorausgeeilt, man sprach in Adelskreisen von ihnen, und so mußten sich die Mozarts bereits am 13. September 1762 in Schönbrunn dem Hof vorstellen. Beide Kinder spielten vor Maria Theresia und dem Kaiser. Wolfgang blieb gänzlich unbefangen und verlangte, daß der berühmte Pianist Wagenseil, der Lehrer der kaiserlichen Familie, zuhören solle: »Der soll herkommen, der versteht es!«

»Der Wolferl ist der Kayserin auf den Schoss gesprungen, hat sie um den Hals bekommen und rechtschaffen abgeküßt. Kurz, wir sind von 3 bis 6 Uhr bei ihr gewesen. Den 15. schickte die Kayserin durch den Geheimen Zahlmeister, der in Gala vor unser Haus gefahren kam, zwei Kleider, eins für den Buben und eins fürs Mädel. Sobald der Befehl kommt, müssen sie bei Hofe erscheinen, und der Geheime Zahlmeister wird sie abholen ... Wollen Sie wissen, wie des Wolferls Kleid aussieht? Es ist vom feinsten Tuch, lilafarbig, die Wester von Moir nämlicher Farbe; Rock und Kamisol mit Goldborten breit und doppelt bordiert. Es war für den Prinzen Maximilian gemacht. Der Nannerl ihr Kleid war das Hofkleid einer Prinzessin.«

Leopold Mozart ließ sich »Seiner Majestät unterthänigst zu Füßen legen« und erhielt 100 Dukaten als Ausdruck des Kaiserlichen Wohlwollens. Das war auch nötig, da die Familie während ihres Aufenthaltes täglich einen Dukaten für Wohnung und Essen verbrauchte. Viele vornehme Adlige luden die Mozarts nun ebenfalls ein, teils aus echtem musikalischen Interesse, teils aus Neugierde. »Allein es möchte der Gesundheit der Kinder schädlich sein«, schreibt der

Vater, und ferner: »Unter anderem kosten die Wägen mich sehr viel, denn 2, 3 auch 4 Siebenzehner des Tags ist ordinär, und werden wir durch Herrschaftswägen bedient, so fressen die Trinkgelder für Kutscher und Laquai ebensoviel.«

Wie anstrengend dieser Aufenthalt für die kleinen Kinder war, geht aus folgendem Bericht des Vaters hervor: »Einmal sind wir um ½3 an einen Ort gefahren. Da waren wir bis ¾4 Uhr. Von dort ließ uns der Graf Hardegg mit seinem Wagen holen und zu einer Dame in vollem Galopp führen, wo wir bis ½6 blieben. Von da ließ uns Graf Kaunitz abholen, bei dem wir bis gegen 9 Uhr waren.« Und immer hatten die kleinen Kinder sich zu produzieren, wurden Leistungen von ihnen verlangt, und die Gastgeber erwarteten artige Antworten auf überflüssige Fragen!

Durch eine schwere Erkrankung Wolfgangs zog sich der Wiener Aufenthalt länger hin als ursprünglich vorgesehen. Erst im Januar 1763 konnte die Familie wieder nach Salzburg zurückkehren, und bald danach erkrankte das Kind wieder, diesmal offenbar an Gelenkrheumatismus. Er sollte Wolfgang noch öfter heimsuchen und seine Konstitution schwächen.

Eines übersah der sonst so nüchtern und realistisch denkende Leopold Mozart in seinem Erfolgsrausch vollkommen. Die Begeisterung der adligen Kreise, die Freundlichkeiten des Hofes galten nicht so sehr den erstaunlichen musikalischen Leistungen der Kinder als dem herzigen kleinen Buben, in den »alle Damen verliebt« waren. Doch selbst auf dieser anstrengenden Reise vergaß er das pädagogische Ziel keinen Augenblick. »Meinem lieben Wolfgang Amadé zu seinem 6. Namenstag« widmete er ein Notenbuch, das kleine Stücke verschiedenster süd- und norddeutscher Komponisten enthielt, die er suitenartig zusammengestellt hatte.

Die Reise nach Wien war die erste Begegnung eines zukünftigen Genies mit seiner Zeit und Welt. Ganz verschiedenartige musikalische Eindrücke prägten sich dem kindlichen Gedächtnis ein, vermischten sich mit anderen; eines Tages, genau in dem Augenblick, in dem es notwendig war, würde Wolfgang über all diese Anregungen verfügen können. Bis zu diesem Zeitpunkt hatte er noch keinen

Geigenunterricht erhalten, obwohl er, wie der Vorfall beim Zoll zeigt, schon ein kleines »Geigerl« besaß.

Bald nach der Rückkehr aus Wien spielte sich ein Vorfall ab, der die traumhafte Leichtigkeit widerspiegelt, mit der das Kind alle Eindrücke aufnahm, die seine musikalische Umgebung ihm vermittelte, mit der es wahrhaft »spielend« lernte. Wieder berichtet Andreas Schachtner darüber. Er hatte mit Leopold Mozart und einem Schüler Trio spielen wollen:

»Der Wentzl das erste Violin, und ich sollte das zweite spielen. Wolfgangerl bat, daß er das zweite Violin spielen dürfte, der Papa verwies seine närrische Bitte, weil er noch nicht die geringste Anweisung in der Violin hatte.

Wolfgang sagte: Um ein zweites Violin zu spielen, braucht man es ja wohl nicht erst gelernt zu haben, und als Papa darauf bestand, daß er gleich fortgehen und uns nicht weiter beunruhigen sollte, fing Wolfgang an bitterlich zu weinen und trollte sich mit seinem Geigerl weg. Ich bat, daß man ihn mit mir möchte spielen lassen, endlich sagte der Papa: Geig mit Herrn Schachtner, aber so stille, daß man dich nicht hört, sonst mußt du fort. Das geschah, Wolfgang geigte mit mir. Bald bemerkte ich mit Erstaunen, daß ich da ganz überflüssig sei; ich legte still meine Geige weg und sah Ihren Herrn Papa an ... und so spielte er alle 6 Trios. Als wir fertig waren, wurde Wolfgang durch unsern Beifall so kühn, daß er behauptete, auch das erste Violin spielen zu können. Wir machten zum Spaß einen Versuch, und wir mußten uns fast zu Tode lachen, als er auch dies, wiewohl mit lauter unrechten und unregelmässigen Applikaturen, doch so spielte, daß er doch nie ganz stekken blieb.«

Andreas Schachtner erinnerte sich auch noch anderer Einzelheiten aus Wolfgangs Kindheit.

»Sobald er mit der Musik sich abzugeben anfing, waren alle seine Sinne für alle übrigen Geschäfte so viel als tot, und selbst die Kindereien und Tändelspiele mußten, wenn sie für ihn interessant sein sollten, von der Musik begleitet werden; wenn wir, er und ich, Spielzeuge zum Tändeln von einem Zimmer ins andere trugen, mußte allemal derjenige von uns, so leer ging, einen Marsch dazu singen und geigen. Vor dieser Zeit aber, ehe er die Musik anfing, war er für jede Kinderei, die mit ein bißchen Witz gewürzt war, so empfänglich, daß er darüber Essen und Trinken und alles andere vergessen konnte.

... Was man ihm zu lernen gab, dem hing er so ganz an, daß er alles übrige, auch sogar die Musik, auf die Seite setzte, z. B. als er rechnen lernte, war Tisch, Sessel, Wände, ja sogar der Fußboden voll Ziffern mit der Kreide überschrieben. Er war voll Feuer, seine Neigung hing jedem Gegenstand sehr leicht an; ich denke, daß er im Ermanglungsfalle einer so vorteilhaft guten Erziehung, wie er hatte, der ruchloseste Bösewicht hätte werden können, so empfänglich war er für jeden Reiz, dessen Güte oder Schädlichkeit er zu prüfen noch nicht im Stande war.«

Schachtner berichtet auch von der großen Feinheit und Empfindlichkeit seines Gehörs, so daß er von einer Geige, die er wochenlang nicht gehört, genau angeben konnte, um wieviel sie tiefer oder höher gestimmt war als die eigne und daß er vor dem lauten Klang der Trompete solche Angst hätte, »als wenn man ihm eine geladene Pistole aufs Herz setzte«. Als der Vater befahl, ihm diese kindische Furcht zu benehmen, indem der Trompeter ihm schmetternd entgegen blies, fiel Wolfgang ohnmächtig nieder: »Hätte ich länger angehalten, er hätte Krämpfe bekommen.«

Daß Mozart schon als Kind voll spaßhafter Einfälle steckte, verrät ein Bericht über die »Zeremonie«, die er fürs Schlafengehen eingeführt hatte und die sich lange Zeit abspielte. »Er hatte eine Melodie komponiert, die er sang und die sein Vater mit der zweiten Stimme begleiten mußte. Wenn diese Feierlichkeit vorbei war, welche keinen Tag unterlassen werden durfte, küßte er dem Vater noch einmal mit innigster Zärtlichkeit die Nasenspitze und sagte oft: wenn der Vater alt wäre, würde er ihn in einer Kapsel, vorn mit einem Glase, vor aller Luft bewahren, um ihn immer bei sich und in Ehren zu halten. Auch während des Singens küßte er bisweilen die Nasenspitze seines Vaters und legte sich dann mit voller Zufriedenheit und Ruhe zu Bette. Dieses trieb er bis in sein zehntes Jahr.« Die Worte zu der

Melodie, ebenfalls von Wolfgang erfunden, klingen wie ein zärtlicher Unsinn: ›Oragna fiagata fa marina gamina fa‹.

Leopold Mozart muß ein hervorragender Pädagoge gewesen sein. Die Aufgabe, seine begabten Kinder heranzubilden, nahm bald den Hauptteil seiner Zeit und Kraft in Anspruch. Und darin ist wohl der Grund seiner scheinbaren Zurücksetzung zu suchen: Man wollte keinen Mann an der Spitze der erzbischöflichen Musik haben, der oft monatelang, ja einmal sogar 3½ Jahre von Salzburg abwesend war. In den Kinderjahren wurde Wolfgangs musikalisches Wesen ganz vom Vater geprägt. Er fügte sich widerspruchslos den Forderungen seiner recht autoritären Erziehung, liebte ihn abgöttisch. Diese Liebe, dieses bedingungslose Eingehen auf alle Wünsche des Vaters haben seine künstlerischen Fähigkeiten schon früh zur Entfaltung gebracht. Menschliche Selbständigkeit konnte sich dabei nicht entwickeln. Als er mit einundzwanzig Jahren das erstemal allein auf die Reise ging, war er im Grunde noch immer ein Kind, ahnungslos in allem, was sein persönliches Fortkommen, die Realitäten anbetraf: Diese Unfähigkeit, das Wirkliche zu erkennen und seinem Leben sinnvoll einzufügen, sollte sich später verhängnisvoll auswirken.

Zunächst verlief Wolfgangs Wunderkinder-Dasein scheinbar mühelos, traumhaft – genau nach dem Plan des Vaters, dessen ganzer Stolz er war. Auch das Familienleben der Mozarts wurde ausschließlich von ihm geprägt; Musik war in diesem Hause so selbstverständlich wie Essen und Trinken. Salzburg ist heute ein Zentrum des europäischen Musiklebens, in Festspielzeiten von Künstlern, Touristen und Autos überschwemmt. Damals war es eine verträumte Kleinstadt von 10000 Einwohnern. Der Erzbischof Sigismund Graf von Schrattenbach, als regierender Landesfürst nur dem Kaiser unterstellt, ein absoluter Herrscher barocker Prägung, hatte künstlerische Interessen und war der Familie Mozart wohlgesonnen. Das erleichterte es Leopold Mozart, sich in erster Linie der Ausbildung beider Kinder zu widmen; denn auch Lesen, Schreiben und Rechnen, etwas Geographie und Geschichte, vor allem aber Sprachen wurden in seinem Lehrplan berücksichtigt. Eine Schule hat Wolfgang nie besucht.

Das Fürstentum gehörte dem vielgliedrigen Kleinstaaten-Verband des Römischen Reiches Deutscher Nation an. Seit Jahrhunderten verlief hier die Straße nach Italien über die Tauern. Salzburg wurde deshalb schon früh eine Stätte des Austausches zwischen Norden und Süden, nicht nur von materiellen Gütern. Bereits 1618 ist im Steinernen Theater des Schlosses Hellbrunn eine italienische Oper aufgeführt worden, und viele der barocken Gebäude, die uns heute entzücken, entstanden nach Formvorstellungen und Plänen italienischer Baumeister. Sie brachten Licht und Weite in die ursprünglich enge mittelalterliche Stadt, über der so malerisch die Hohe Veste thront; sie gaben ihr festliche Akzente, wie diese Epoche sie liebte: repräsentative Paläste, Plätze und Parks.

Das musikalische Leben des kleinen Hofes war innerhalb seiner Möglichkeiten reich und vielfältig. Neben Leopold Mozart wirkten ausgezeichnete Musiker in der kleinen Hofkapelle und an den Kirchen; Michael Haydn, der Bruder Joseph Haydns, war Konzertmeister und Organist. Unter den Bläsern taten sich böhmische Musikanten hervor, zahlreiche andere Kapellmitglieder waren Italiener; Italien galt seit Jahrhunderten als *das* Land der Musik. Italienisch war auch die Salzburger Hofsprache. Die Kapelle hatte sich am täglichen Hof- und Kirchendienst, an musik-dramatischen Aufführungen der Universität und des Hoftheaters zu beteiligen. Diese musikalischen Eindrücke spiegeln sich in den frühesten Kompositionen Wolfgangs wider, vor allem natürlich die Schreibweise des Vaters. Dieser überprüfte seine Versuche und änderte, wo es ihm notwendig erschien. Auch bei den ersten Sonaten des Achtjährigen, die in Paris an die Öffentlichkeit gelangten, geschah das.

Die große Reise

Am 5. Januar 1763 waren die Mozarts von ihrer ersten Wiener Reise heimgekehrt, bewundert von ihren Freunden, vom Salzburger Hof mit Wohlwollen empfangen. Der Erfolg des kleinen Wolfgang und seiner Schwester schien zugleich ein Erfolg der Salzburger zu sein. Den Vater spornte er zu neuen weitreichenden Plänen an. Als erfahrenem Pädagogen war ihm klar, daß er nicht nur seine Wunderkinder der Welt präsentieren, daß er auch die Vielfalt des musikalischen Geschehens auf die Kinder einwirken lassen mußte. Und das konnte nur in Weltstädten geschehen! So rüstete er sich für eine neue größere Reise, die bis nach Paris und London führen sollte. Der verständnisvolle Erzbischof gewährte den notwendigen Urlaub, Leopolds Hausherr Lorenz Hagenauer, mit dessen Familie die Mozarts freundschaftlich verkehrten, versprach während der Abwesenheit seine Angelegenheiten wahrzunehmen. Am 9. Juni rollte der eigene Reisewagen mit der Familie und dem Diener Sebastian Winter aus dem Salzburger Tor. Doch bereits aus Wasserburg am Inn schrieb Leopold Mozart an Hagenauer:

»Monsieur mon très cher ami!
Das heißt auf der Schneckenpost gereiset! – aber nicht aus unserer Schuld. 2 Stunden außer Wasserburg brach uns ein hinteres Rad in Stücken. Da saßen wir. Zum Glücke war es heiter und schön, und noch zum größeren Glücke war in der Nähe eine Mühle. Man kam uns mit einem Rad, das zu klein war, zu Hilfe. Wir mußten frohe sein, daß wir dieses hatten, und gleichwohl ein klein Bäumchen abhauen, um es vor das erhaltene Rad zu binden, daß es nicht ablaufen konnte... Es hieß, der Wagen würde bis heute früh, folglich in Tag und Nacht restituiert sein –– aber ja! Einen blauen Teufel! –– wir hofften bis nach Tische weiter zu kommen – vergebens! ... Das Neueste ist, daß um uns zu unterhalten, wir auf die Orgel gegangen sind und ich dem Wolferl das Pedal erklärt habe. Davon er gleich stante pede die Probe abgeleget, den Schemel

hinweggerückt und stehend präambuliert und das Pedal dazu getreten, und zwar so, als wenn er es schon viele Monate geübt hätte. Alles geriet in Erstaunen und in eine neue Gnade Gottes, die mancher nach vieler Mühe erst erhält.«

In München und Augsburg gaben die Kinder bewunderte Proben ihrer Kunst; dann kutschierte man nach Württemberg. »Das schönste Land«, schrieb Leopold Mozart nach Haus, »– nichts als rechts und links zu gleicher Zeit Wasser, Wälder, Felder, Wiesen, Gärten, Weinberge.« Ludwigsburg aber mißfiel ihm gründlich, »weil allda das Soldatenwesen bis zur Ausschweifung getrieben wird«. Es war die Zeit des Herzogs Karl Eugen, in dessen »Soldatenpflanzschule« Friedrich Schiller heranwuchs. Die Familie gelangte mit Empfehlungen des Bayrischen Hofes auch nach Schwetzingen, der Sommer-Residenz des Kurfürsten Karl Theodor von der Pfalz. In einer großen Akademie – wie man damals Konzerte nannte – konnten sie das berühmte Mannheimer Orchester und die neue Art seines Spiels kennenlernen. In ihm vollzog sich der Übergang von der Generalbaß-Musik zur klassischen Sinfonie in eindrucksvoller Form. Bläser bildeten die verstärkende Struktur, unter ihnen als Neuestes auch Klarinetten. Differenziertere Klangfarben, starke Akzente und allmählich anwachsende und abebbende Stärkegrade – crescendi und decrescendi – erweiterten die Ausdrucksmöglichkeiten. Leopold Mozart berichtete: »Das Orchester ist ohne Widerspruch das beste in Deutschland, lauter junge Leute, durchaus von guter Lebensart, weder Säufer noch Spieler noch liederliche Lumpen, so daß sowohl ihre Conduite als ihre Produktion hochzuschätzen sind. Meine Kinder haben ganz Schwetzingen in Bewegung gesetzt, und die Kurfürstlichen Herrschaften hatten ein unbeschreibliches Vergnügen.«

Bei den Produktionen der Kinder wurden Nannerls pianistische Fähigkeiten, bei Wolfgang aber seine außergewöhnliche musikalische Veranlagung herausgestellt, die sich auf den verschiedensten Gebieten zeigte. So gaben die Mozarts in Frankfurt a. M. »im Scharfischen Saal auf dem Liebfrauenberg« mehrere Akademien, die starken Zulauf hatten. Für die letzte warb Leopold Mozart in einer

Voranzeige für unseren Geschmack recht marktschreierisch, es heißt da:

»Diese allgemeine Bewunderung ist die Ursache, daß heute, den 30. August, aber ganz gewiß das letzte Konzert sein wird, wobei das Mägdlein, welches im zwölften und der Knab, der im siebenten Jahr ist, nicht nur Konzerte auf dem Clavecin oder Flügel, und zwar ersteres die schwersten Stücke der größten Meister, spielen wird, sondern der Knab wird auch ein Konzert auf der Violine spielen, bei Sinfonien mit dem Klavier akkompagnieren, das Manual mit einem Tuch gänzlich verdecken; er wird ferner in der Entfernung alle Töne, die man einzeln oder in Akkorden auf dem Klavier oder auf allen nur denkbaren Instrumenten, Glocken, Gläsern usw. anzugeben imstande ist, genauestens benennen. Letztlich wird er nicht nur auf dem Flügel, sondern auch auf einer Orgel aus allen, auch den schwersten Tonarten, vom Kopf phantasieren.«

Bei einem dieser Konzerte war der vierzehnjährige Goethe anwesend. Er erinnerte sich später »des kleinen Mannes in seiner Frisur und Degen« noch ganz deutlich. Leopold Mozart berichtete aus Frankfurt: »Der Wolfgang ist ganz außerordentlich lustig, aber auch schlimm. Die Nannerl leidet nun durch den Buben nichts mehr, indem sie so spielt, daß alles von ihr spricht und ihre Fertigkeit bewundert. Ich habe ein artiges Clavierl vom Herrn Stein in Augsburg gekauft, welches uns wegen dem Exercitio auf der Reise große Dienste tut.« Unter »Clavierl« verstand man damals ein Klavichord, mit Flügel oder Clavecin war Cembalo gemeint. Das eben erst aufkommende Hammerklavier nannte man Pianoforte.

Sorgfältig werden die Ausgaben notiert und auch Lebensmittelpreise verglichen: »Das Pfund Rindfleisch, welches in Augsburg 6 Kr., gilt in Schwetzingen 8 Kr., in Maynz, Frankfurt und allen diesen Gegenden 9 und 10 Kr., ein Ei 1 Kr., auch mitten im Sommer, das Pfund Butter 20–22 Kr. und 24 Kr. ... Das Brot ist halben Teil kleiner, als bei uns, mehrerenteils schlecht gebacken, das Mehl schwarz, wie wir denn in diesen Gegenden gar keine Mehlspeis bis jetzt gesehen haben, denn sie können keine machen.«

Von der Abreise aus Salzburg am 9. Juni bis zum 26. September hatten die Mozarts bereits 1.068 fl (Gulden) ausgegeben. Von Mainz nach Koblenz – »Wenns gut geht in einem Tag« – reisten sie mit dem Marktschiff. »Die Yacht ist ein Schiff, welches groß ist, drei Zimmer vorne und hinten noch große verdeckte Orte hat, wo die Kaufmannsgüter liegen. Oben darauf auf dem Dache sind die Ruder, und da stellt man auch die Wägen hin.«

Die Fahrt kostete 3 Louisdor Schifferlohn, dazu kamen die täglichen Zehrungen, die sich meist auf 2 fl und etliche Kreuzer beliefen. Fuhrlohn, Posten, Schmiede und »der Wäscherlohn, der sehr viel ausmacht«, kamen hinzu. »Nebstdem haben wir uns viel angeschafft ... war nichts zu ersparen, weil wir zur Erhaltung unserer Gesundheit und meines Hofes Reputation nobel und cavaliersmäßig reisen müssen. Hingegen haben wir auch keinen Umgang als Noblessen oder andere distinguierte Personen.« Der Stolz des Kleinbürgers, der es zu etwas gebracht hat, spricht aus diesen Worten. Unterwegs wurden berühmte Schlösser und andere Sehenswürdigkeiten besichtigt; die Kölner Domkirche aber »kann ich Ihnen unmöglich so abscheulich beschreiben, als sie mir inwendig aussieht«, meint Leopold Mozart in einem Brief an Hagenauer. Die Schönheiten der Gotik waren den Zeitgenossen des Barock noch ganz fremd.

Am 17. Oktober kam die Familie in Brüssel an. »Eine recht gar schöne Stadt ... die Häuser meistens schön, die Gassen lang und breit, die Stadt bei Nacht beleuchtet und alles auf Wienerischem Fuß, auch mit den Wagen, eingerichtet. Der Kanal, der über Mecheln, Antwerpen bis nach Holland geht, macht den Handel hier florierend.« Van Eyck, Rubens und Rembrandt werden als die berühmtesten Maler im Brabantischen genannt. Leopold Mozart, selber offenen Sinnes und bildungsbeflissen, ist stets bemüht, seinen Kindern so viel wie möglich von den Sehenswürdigkeiten der fremden Gegenden zu vermitteln. Er läßt sie auch Tagebuch führen. Von ihrem kleinen Bruder hat Nannerl später erzählt.:

»Da die Reisen, welche wir machten, ihn in so unterschiedene Länder führten, so sann er sich, während daß wir von einem Orte in den anderen fuhren, ein Königreich aus, welches er das Königreich Rücken nannte, – warum gerade so, weiß ich nicht mehr. Dieses

Reich und dessen Einwohner wurden mit allem dem begabt, was sie zu guten und fröhlichen Kindern machen konnte. Er war der König von diesem Reiche. Und diese Idee haftete so in ihm, wurde von ihm so weit verfolgt, daß unser Bedienter, der ein wenig zeichnen konnte, eine Karte davon machen mußte, wozu er ihm die Namen der Städte, Märkte und Dörfer diktierte.«

Die Fahrt von Brüssel nach Paris dauerte viereinhalb Tage. Obwohl die Weltstadt mit ihren großzügigen Anlagen auf die österreichischen Provinzler sicher starken Eindruck machte, sah Leopold Mozart mit seinem unbestechlichen Blick sehr schnell auch die Schattenseiten. »Ich kann Sie versichern, daß man die schlechten Früchte des letzten Krieges ohne Augenglas aller Orten sieht. Denn, die äußerliche Pracht wollen die Franzosen in höchstem Grade fortführen, folglich sind niemand reich als die Pächter, die Herren sind voller Schulden. Der größte Reichtum steckt etwa unter 100 Personen, die sind einige große Bankiers und Generalpächter... Daß man übrigens hier ganz besonders schöne und kostbare Sachen sieht, das werden Sie sich wohl einbilden. Man sieht aber auch erstaunliche Narrheiten... Das Lächerlichste aber ist ein Degenband, wie es hier Mode ist, mit feinem Pelz um und um ausgeschlagen zu sehen. Das wird gut sein, daß der Degen nicht einfriert...«

Die Familie Mozart fand durch Empfehlungen im Hotel Beauvais des Bayerischen Gesandten, eines Grafen van Eyck, Unterkunft. Sie wohnten dort »gelegen und gut«, wurden freundlich aufgenommen und durften den Flügel der Gräfin benutzen. Leopold Mozart schreibt an Hagenauer unter anderem: »Eine nicht geringe Commodité ist die sogenannte kleine Post in Paris, bei der ich den ganzen Tag Briefe in allen Gassen von Paris abschicken und wieder erhalten kann. Da man an manchen Orten eine Stunde und mehr zu fahren hat, für die erste Stunde 25 sols, in der Folge 70 sols bezahlen muß, so könnte man viel Geld ausgeben, ohne jemand anzutreffen. Man pflegt also vorher einander mittels der »petite poste« zu benachrichtigen.«

Am Neujahrsabend 1764 wurden die Mozarts zum »grand Couvert« in Versailles zugelassen. Die Königin unterhielt sich längere

Zeit mit dem kleinen Wolfgang, der neben ihrem Stuhl stehen durfte, und steckte ihm Leckerbissen zu. Natürlich mußte er vor dem Hof sein Können zeigen, auch in der Kapelle Orgel spielen. Er entzückte die Zuhörer dabei ebenso durch seine frische Unbefangenheit wie durch sein frühreifes Spiel. Nannerl erinnerte sich später, daß die Pompadour, die Geliebte des Königs, Wolfgang auf einen Tisch stellen ließ und daß er sich zu ihr neigte, um sie zu küssen, was sie jedoch abwehrte, worauf er unwillig gefragt habe: Wer ist die da, daß sie mich nicht küssen will? Hat mich doch die Kaiserin geküßt! Er meinte Maria Theresia in Wien. Leopold Mozart notierte: »Madame Pompadour, noch eine schöne Person ... ist von großem Hochmut und regiert zur Stunde noch alles.« Der Vater benutzte die Gelegenheit, um mit seinem »kleinen Mann« in die Messe des Königs zu gehen. Er fand die Arien, die sie dort hören konnten, leer und frostig, die Chöre dagegen gut. Auch den Krieg zwischen italienischer und französischer Musik vermerkt er und setzt auf die Italiener. Er folgte hierin den Ansichten des Barons von Grimm, des Sekretärs beim Duc d'Orléans. Grimm war in Leipzig Gottscheds Schüler gewesen und gehörte dem Kreis der französischen Enzyklopädisten an, war also ein Intellektueller. Er machte in seiner literarischen Zeitschrift für die Wunderkinder geschickt Reklame. Ein gelehrter Mann und ein großer Menschenfreund, schreibt Leopold Mozart voller Bewunderung. »Alle meine übrigen Briefe und Empfehlungen waren nichts; ... der einzige Mr. Grimm hat alles getan. Er hat das erste Konzert besorget und er allein hat mir 80 Louisdor bezahlt, folglich 320 Billets versorget, und noch die Illumination in Wachs bezahlt, da über 60 Stück Tafelkerzen gebrennt haben; dieser Grimm hat die Erlaubnis des Konzerts ausgewürkt und wird nun auch das zweite besorgen.« Die Konzerte fanden im Théatre des Monsieur Felix, einem vornehmen Haus für Privataufführungen des Adels, statt. Die Billets wurden vorher abgesetzt, meist von Mitgliedern der adligen Gesellschaft; ohne Eintrittskarte erhielt niemand Zutritt. Leopold nahm beim ersten Konzert 112 Louisdor ein. Auch bei zahlreichen Adelsfamilien mußten sich die Kinder hören lassen. Die in Paris lebenden deutschen Komponisten erwiesen Leopold

Mozart ihre Reverenz und dedizierten dem kleinen Wolfgang ihre Werke; unter ihnen Schobert, Eckardt, Honauer und andere. In den Sonaten, die Wolfgang in Paris komponierte und die der Vater stechen und hohen Personen vom Hof widmen ließ, sind erste schwache Anklänge an die eigenartige Ausdruckswelt Schoberts zu erkennen.

Ein bekannter Dilettant, M. de Carmontelle, porträtierte die musizierenden Mozarts; das Bild wurde »Hals über Kopf« als Kupferstich vervielfältigt. »Der Wolfgang spielt Clavier, ich stehe hinter seinem Sessel und spiele Violin, die Nannerl lehnt sich auf das Clavecin mit einem Arm, mit der anderen Hand hält sie Musikalien, als sänge sie.« Leopold Mozart ließ Abzüge des Stichs machen, die zu Geschenk- und Reklamezwecken dienen sollten. In Paris wurden sie für 24 Sols, in Deutschland für 15 Kreuzer verkauft.

Der Pariser Erfolg wirkte sich finanziell so günstig aus, daß Leopold Mozart Anfang April 200 Louisdor auf eine Bank geben konnte. Da ihm »alle Welt« zuredete, auch England aufzusuchen, entschloß er sich Mitte April zu dieser weiten Fahrt. Der bisherige Diener wurde entlassen und ein Elsässer aufgenommen, der deutsch und französisch sprach, jedoch vom Dienstherren erst eingekleidet werden mußte: »Eine große Ausgabe!« Dann fuhr man im eigenen Reisewagen nach Calais, wo der Wagen zurückblieb. Die Überfahrt war stürmisch: »Ohne Spei-Übergabe ist es nicht abgegangen.« Bereits fünf Tage nach der Ankunft in London wurde die Familie zum König in den Queenspalast im St. James Park befohlen.

»Man hat uns an allen Höfen noch ganz außerordentlich höflich begegnet: allein diese Art, die wir hier erfahren, übertrifft alle die anderen... Der König hat Wolfgang nicht nur Stücke von Wagenseil, sondern von Bach, Abel und Händel vorgelegt, alles hat er prima vista weggespielt. Er hat auf des Königs Orgel so gespielt, daß alle sein Orgelspielen weit höher einschätzen als das Clavierspielen. Dann hat er der Königin eine Aria, die sie sang, und einem Querflötenspieler ein Solo accompagniert. Endlich hat er die Violoncellostimme der Händelschen Arien hergenommen und hat über den glatten Bass die schönste Melodie gespielt, so daß alles in das äußerste Erstaunen geriet. Mit einem Worte: Das, was er gewußt, da wir aus Salzburg abgereist, ist ein purer Schatten gegen demjenigen, was er itzt weiß. Es übersteigt alle Einbildungskraft.«

Leopold ergeht sich in seinen Briefen auch ausführlich über verschiedene englische Eigentümlichkeiten, »über die schönen Pferde, die abscheulichen Kutschen, die beständige Abwechslung von Hitze und Kälte dieses gefährlichen Landes ... Die Speisen sind ungemein nahrhaft, substantisch und kräftig, das Rindfleisch, Kalbfleisch und Lammfleisch besser und schöner als man in der Welt finden kann. Man sieht in den Feldern das schönste Vieh ... Wein ... unbeschreiblich teuer, ebenso ist es mit dem Coffee. Überdies muß man ihn schon gebrennet und gemahlet kaufen, dazu eigene Boutiquen sind; und wer ein Pfund Coffee im Hause selbst brennt, wird um 50 Guineen bestraft ... die Herren Engländer suchen ihren Tee an den Mann zu bringen.«

Die musikalischen Eindrücke konnte Wolfgang nun schon intensiver als in der ersten Zeit der Reise aufnehmen. In London hatte er Gelegenheit, die italienische Oper in hervorragenden Aufführungen kennenzulernen. Christian Bach, der erfolgreiche jüngste Sohn Johann Sebastians, der in London lebte, hatte sie durch zahlreiche Werke bereichert. Der berühmte Kastrat Manzuoli, mit dem die Mozarts sich anfreundeten, gab Wolfgang sogar Gesangsunterricht. Diese Übung sollte ihm später bei den Opernaufträgen in Italien sehr zustatten kommen.

Bis ins 18. Jahrhundert hinein blieb Sängerinnen das Auftreten in der Kirche oder auf der Opernbühne versagt; daher waren Kastraten, deren Stimme man durch künstliche Eingriffe knabenhaft erhielt, während sie in Umfang und Stärke denen von Erwachsenen glichen, für schwierige gesangliche Aufgaben noch immer beliebt. In Glucks ›Paris und Helena‹ sang noch 1770 im Wiener Burgtheater ein Kastrat die Helena. Die berühmtesten unter ihnen, übrigens auch die Primadonnen, wurden hoch bezahlt. Bei der Uraufführung von Glucks ›Iphigenie‹ erhielt die Bernasconi von Joseph II. 500 Dukaten, und Wolfgang erwähnt in einem Brief aus Italien, daß Manzuoli für die Mitwirkung in seiner Oper in Mailand sogar »1000 Dukaten begehrt« habe. Das war das Zehnfache des Komponistenhonorars! Erst gegen Ende des 18. Jahrhunderts setzten sich Sängerinnen endgültig in der Öffentlichkeit durch.

Mehrmals produzierten sich beide Kinder auch hier erfolgreich in Konzerten und sollen auch an den damals in London so beliebten ›Wassermusiken‹ teilgenommen haben, wobei illuminierte Boote mit Musikern und Gästen an den Ufern der Themse entlang glitten. Beim ersten Konzert am 5. Juni um 6 Uhr nachmittags im kleinen Haymarket-Theater nahm der Vater 100 Guineen ein. Sehr bald entspann sich ein freundschaftlicher Verkehr mit Christian Bach. Er sah in dem achtjährigen Wolfgang nicht nur das Wunderkind, er erkannte seine schöpferische Begabung. Als verständnisvoller väterlicher Freund und Lehrer hat er sich eingehend mit ihm beschäftigt, ihm die gesangliche Ausdrucksweise des italienischen Stils vermittelt und zu Wolfgangs Vergnügen oft mit ihm zusammen am Flügel improvisiert, wobei der kleine Junge zwischen seinen Knien stand. Wolfgang schrieb in London seine ersten beiden Sinfonien, in denen sich diese neuen Eindrücke geltend machen. Auch in diesen Partituren ist noch die ordnende Hand des erfahrenen Vaters zu spüren.

Interessant ist der Bericht eines englischen Naturforschers und Rechtsgelehrten, der Wolfgangs Talent sehr gründlich prüfte und sich sogar einen Geburtsschein zu beschaffen wußte. Er legte dem Kleinen eine Komposition im Manuskript vor, die Wolfgang unmöglich kennen konnte. Daines Barrington berichtet: »Kaum war das Heft auf sein Notenpult gelegt, so fing er an, die Ouvertüre höchst meisterhaft zu spielen, und zwar sowohl in Hinsicht des Taktes als auch des Stiles.« Danach übernahm Wolfgang die höhere, der Vater die tiefere Stimme eines Duetts: »Seine Stimme hatte einen schwachen kinderartigen Ton, aber nichts konnte die meisterhafte Art, womit er sang, übertreffen. Sein Vater kam ein oder zweimal heraus, obgleich die Passagen nicht schwerer waren als die in der höheren Stimme. Als dies vorfiel, sah sich der Sohn mit einigem Unwillen um, zeigte ihm seine Fehler mit dem Finger und wies ihn wieder zurecht ... Da ich wußte, daß der kleine Mozart sehr von Manzuoli, dem berühmten Sänger ... geachtet wurde, sagte ich zu dem Knaben, es würde mir angenehm sein, einen extemporierten Liebesgesang zu hören, so wie ihn sein Freund Manzuoli in einer Oper etwa gern haben würde.

Der Knabe, der noch immer an seinem Klavier saß, sah sich etwas pfiffig um und fing sogleich fünf oder sechs Zeilen einer rezitierenden Redeweise an, die geeignet zu einer Introduktion eines Liebesgesanges war. Hierauf spielte er ein Vorspiel, welches einer Arie über das einzige Wort ›Affetto‹ entsprechen konnte ... Da ich fand, daß er bei Laune und inspiriert war, bat ich ihn, einen Gesang der Wuth zu komponieren, so wie er für die Oper geeignet sei.

Der Knabe sah sich wieder sehr pfiffig um und begann fünf oder sechs Zeilen von einer rezitierenden Redeweise, die passend zu einem Vorspiel für einen Zorngesang war. Dieses dauerte ungefähr ebenso lange, wie bei dem Liebesgesange, und in der Mitte davon hatte er sich zu einer solchen Begeisterung empor gearbeitet, daß er sein Klavier wie ein Besessener schlug und einige Male in seinem Stuhl sich empor hob. Das Wort, das er zu dieser zweiten extemporierten Komposition erwählte, war ›Perfido‹.

Ich muß gestehen, daß ich mich des Verdachtes nicht erwehren konnte, der Vater könne vielleicht das wahre Alter des Knaben verbergen, doch war sein Ansehn sehr kinderhaft, ebenso trugen alle seine Handlungen das Gepräge dieses Lebensalters. Zum Beispiele: Während er mir vorspielte, kam eine Lieblingskatze herein, worauf er sogleich sein Klavier verließ, auch konnten wir ihn eine gute Zeit hindurch nicht wieder zurück bringen. Zuweilen ritt er auch auf einem Stocke zwischen den Beinen im Zimmer herum.«

Eine schwere Erkrankung Leopold Mozarts mit nachfolgender langwieriger Rekonvaleszenz zwang die Familie zu einem längeren Aufenthalt in Chelsea, in ländlicher Umgebung. Mit Rücksicht auf den schonungsbedürftigen Vater konnte hier nicht musiziert werden. Wolfgang beschäftigte sich in dieser Zeit daher selbständig mit kompositorischen Studien, in denen, bunt durcheinander, Anregungen der letzten Zeit angewandt und umgesetzt wurden. Kenner dieser Blätter bezeichnen sie als sehr viel unausgeglichener und kindlicher als die vom Vater durchgesehenen und geglätteten Kompositionen.

Als Leopold Mozart endlich wieder daran denken konnte, seine Kinder in Londoner Konzerten zu präsentieren, war das Interesse der Öffentlichkeit stark abgeflaut. So mußte erneut mit marktschreierischem Ankündigen geworben werden; selbst vor Darbietungen der Kinder im Gasthof schreckte der Vater nicht zurück. Da ihre Abreise sich so stark verzögerte, wurden die Mozarts noch Zeugen vom Aufstand der Seidenweber-Gesellen im Juni dieses Jahres. Etwa 15000 hatten sich in der Nähe des Parlaments mit schwarzen Fahnen zusammengerottet, um gegen die Einführung französischer Seidenwaren zu protestieren, die viele von ihnen brotlos machte. Leopold Mozart schildert den Vorfall ausführlich und meint sarkastisch dazu:

»Es gehet halt hier, wie in Teutschland; die Untertanen müssen wacker bezahlen, sie sehen demnach ihre Sach so hoch zu verkaufen, als es möglich ist; zahlen es Fremde besser, so gehet es aus dem Lande ... überdas geben sich die Herren Mühe, daß alle Einfuhr verboten wird, damit der Wert der Landeswaren fein hoch bleibt und nicht fällt, und sie folglich von ihren Gütern große Renten ziehen.«

Ursprünglich sollte die Heimkehr auf dem Umweg über Mailand und Venedig erfolgen. Italien galt noch immer als das Land der Musik, ein Erfolg dort konnte bestimmend für die weitere Zukunft eines jungen Talents sein. Sowohl Händel wie Christian Bach, beide in England zu Ruhm und Reichtum gelangt, waren durch diese Schule gegangen. Mit Rücksicht auf seine Salzburger Verpflichtungen, das in Paris zurückgelassene Gepäck und die Wünsche zahlreicher Gönner hielt Leopold Mozart es jedoch für richtig, zunächst nach Frankreich zu reisen. In Holland erkrankten beide Kinder schwer. Nannerl war bereits aufgegeben und wurde mit der letzten Ölung versehen, während »der Wolfgangerl sich im anderen Zimmer mit seiner Musik unterhielt ...« Kurz danach packte das Fieber den Jungen, er wurde im Verlauf von vier Wochen so elend, daß er nicht wiederzuerkennen war und »nichts als seine zarte Haut und kleinen Gebeine mehr an sich hat ... Gestern abend und heut führten wir ihn ein paarmal über das Zimmer, damit er nach und nach wieder die Füße zu bewegen und auch allein frei stehen lernen möchte.«

Selbst in dieser Zeit hatte er das Bedürfnis zu komponieren. Klavier-Variationen über das bekannte altniederländische Volkslied ›Wilhelmus von Nassauen‹ entstanden, eine Sinfonie, Sonaten für Klavier und Violine. Freundlichkeiten des Prinzen von Oranien und seiner Schwester erleichterten der Familie diese schweren Wochen.

Im Mai 1766 trafen die Mozarts wieder in Paris ein. Sie wurden von ihren Bekannten und Gönnern freundlich empfangen, doch wollte sich die Sensation des ersten Auftretens auch hier nicht wiederholen. »Wir haben«, so Leopold, »unsere Bagage hier in gutem Stande gefunden; und da wir nun wieder hier schwarz gekleidet gehen müssen, so sieht man, um wie viel meine Kinder gewachsen sind ... vom ersten Anblicke wird den Wolfgang wohl niemand mehr in Salzburg kennen.«

Der Rückweg wurde über Lyon und die Schweiz eingeschlagen, es kam noch zu verschiedenen erfolgreichen Konzerten. Die hübscheste Begegnung war die mit dem Dichter, Verleger und Maler Salomon Gessner, bei dem auch musiziert wurde und der die Mozarts zum Abschied mit seinen Werken beschenkte. Über Augsburg und München kehrte die Familie, reich mit Geschenken, Widmungen und Noten beladen, Ende November 1766 nach Salzburg zurück.

Dort sorgte Leopold Mozart dafür, daß alle Ehrungen bekannt wurden. In ›Hübners Diarium‹ fand sich im Dezember folgende Aufzählung: »Güldene Sackuhren hat er 9 mitgebracht, güldene Tabatieren hat er 12 bekommen, güldene Ringe mit den schönsten Edelgesteinen besetzet hat er so viele, daß er selbst nicht weiß, wieviele. Ohrengehänge vor das Frauenzimmer, Halszierde, Messer mit güldenen Klingen, Flaschenkellerl, Schreibzeug, Zahnstürerbüchsel, güldene Einsatz vor das Frauenzimmer, Schreibtäferl und dergleichen Galanteriewaren ohne Zahl ... es ist nicht anderst, als wenn man einen Kirchenschatz anschauete, nicht zwar wegen der Kostbarkeit, sondern wegen den Seltsamkeiten, so man nicht so bald sehen wird in einem einzigen Ort von unterschiedlichen Ländern versammelt… Das Kostbarste aber, und Schönste, so ich gesehen, ist die Tabatière vom König von Frankreich.«

Dreieinhalb Jahre war man unterwegs gewesen. Krankheiten, Geldsorgen, Reiseschwierigkeiten, politische Unsicherheit und klimatische Strapazen: Nichts hatte vermocht, Leopold Mozarts Erziehungsgrundsätze zu erschüttern. Wenige Tage vor der Rückkehr nach Salzburg schreibt er an Lorenz Hagenauer: »Gott, der für mich bösen Menschen allzu gütige Gott, hat meinen Kindern solche Talente gegeben, die ohne an die Schuldigkeit eines Vaters zu gedenken, mich reizen würden, alles der guten Erziehung derselben aufzuopfern. Jeder Augenblick, den ich verliere, ist auf ewig verloren, und wenn ich jemals gewußt habe, wie kostbar die Zeit für die Jugend ist, so weiß ich es itzt. Sie wissen, daß meine Kinder zur Arbeit gewohnt sind: Sollten sie aus Entschuldigung, daß eines das andere verhindert, sich an müßige Stunden gewöhnen, so würde mein ganzes Gebäude über den Haufen fallen; die Gewohnheit ist ein eisernes Hemd, und Sie wissen auch selber, wie viel meine Kinder, sonderlich der Wolfgangerl zu lernen hat.«

Wie ein zartes, überaus beeindruckbares Kind zwischen dem siebenten und zehnten Lebensjahr die wechselvollen Strapazen einer solchen Reise überstand, können wir den Briefen des Vaters nur am Rande entnehmen. Von der Rücksichtnahme und Schonung, die man heute einem so kleinen Kinde angedeihen läßt, wußte das 18. Jahrhundert noch nichts. So hören wir, daß Wolfgang einmal morgens beim Aufwachen heftig geweint habe, weil er seine Salzburger Freunde nicht mehr sehen könne, daß er zuweilen dreißigmal am Tage von ihnen sprach. In England hatte die ganze Familie mit Erkältungen zu tun, »da London feucht, neblich und ein rechtes Rauchloch« ist. In Paris war es ebenfalls feuchtkalt, Heizmaterial besonders teuer. Die Familie wird dort oft gefroren haben. Wolfgang litt schon während der ersten Wiener und auch auf späteren Reisen an fieberhaften Erkrankungen; hitziges Frieselfieber, hieß es, Scharlach, Blattern, Katarrhe. Manche seiner schmerzhaften Erkrankungen während der Kinderjahre werden heute als Schübe von Gelenkrheumatismus angesehen. Die nie ganz auskurierten Infektionen, die chronische Überanstrengung erklären seine spätere gesundheitliche Anfälligkeit, die schließlich zu seinem frühen Tod führte. Von Natur aus war Wolfgang gesund, ein kräftiger kleiner Bursche; das Bild aus seinem sechsten Lebensjahr zeigt es deutlich.

Die musikalischen Eindrücke, oft nur am Rande, dann wieder intensiv und bewußt aufgenommen, wirkten sich noch nach Jahren fruchtbar aus. Vielleicht kann man sagen: Ohne sie wäre er nie der europäische Musiker geworden, der er später war.

Er erlebte auf der großen Reise zum erstenmal den faszinierenden Klang des Mannheimer crescendo, das damals die musikalische Welt als etwas völlig Neues bezauberte. Er hörte hervorragende Pariser Kirchenchöre, lernte die eigentümlich romantische Ausdruckswelt des Klavierkomponisten Schobert und anderer Landsleute kennen. In London konnte er Aufführungen der Opera seria, der ernsten Oper im italienischen Stil, mit hervorragenden Gesangskräften hören. Christian Bach beschäftigte sich auch pädagogisch mit ihm, brachte ihm Züge seiner eigenen beschwingten und gesanglichen Kompositionsweise nahe. Der freundschaftliche Verkehr mit Noblessen, die großzügige Aufnahme an den bedeutendsten europäischen Höfen gaben Wolfgang eine Freiheit und Sicherheit des Auftretens, die sich ein Leben lang auswirkte. Jede Art von Unterwürfigkeit, wie sie damals der Bürger dem Adel gegenüber zeigte, lag ihm völlig fern. Sein späteres stolzes Wort: »Ein Kavalier kann keinen Kapellmeister abgeben, aber ein Kapellmeister wohl einen Kavalier« hat seine Wurzeln in diesen Erlebnissen. Leopold Mozart, dieser immer besorgte, mißtrauische, den Höfen letzten Endes ergeben dienende Mann, meinte kurz vor der Heimkehr, daß Wolfgang in den 3½ Reisejahren viele tausend Menschen kennengelernt habe. Diese Eindrücke, zunächst ganz unbewußt empfangen und registriert, sollten sich Jahre später in der genialen Menschenzeichnung seiner Opernkompositionen ausprägen.

Studien des Elfjährigen

In Salzburg begann der Alltag, begannen die Pflichten. Sicher wird sich der Vice-Kapellmeister zunächst mit besonderem Eifer denen seines Amtes gewidmet haben. Gesellige Freuden und der Stolz, als weitgereiste, erfolgreiche Künstler der Vaterstadt Ehre bereitet zu haben, gaben der ersten Zeit ihren Glanz.

Für die beiden Kinder, namentlich für Wolfgang, begann neues angestrengtes Lernen. Leopold Mozart hatte genau erkannt, auf welchen Gebieten das Studium besonders intensiv betrieben werden mußte. Ein 82 Seiten umfassendes Übungsheft für Wolfgang ist Aufgaben im strengen Kontrapunkt gewidmet. Auch in allgemeinen wissenschaftlichen Fächern unterrichtete ihn der Vater. Rechnen, das Wolfgang seit je besondere Freude bereitete, Geographie und etwas Geschichte wurden betrieben, vor allem aber Sprachen. Lateinisch und Italienisch waren damals für einen Musiker unerläßlich. Französisch und Englisch hatte er auf der großen Reise wenigstens in den Grundzügen gelernt. Das »eiserne Hemd« der Gewohnheit ließ dem Jungen kaum eine Atempause. Er erhielt nun auch vom Erzbischof musikalische Aufträge. So mußte er, und zwar in nur acht Tagen und in strengster Klausur, den ersten Teil eines Oratoriums komponieren, dessen zweiten Michael Haydn schrieb. Das Werk gelangte unter allgemeinem Beifall zur Aufführung. Für die Universität komponierte der Elfjährige die Musik zu einem Schuldrama, ›Apollo und Hyacinthus‹, das im Mai 1767 seine Uraufführung erlebte. Hinterher mußte sich Wolfgang bis in die Nacht hinein am Klavier hören lassen. Weitere Werke, die er schrieb, auch Arrangements von Sonatensätzen beliebter Komponisten, waren schon für die nächste Reise bestimmt. Durch geschickt eingefügte Orchesterzwischenspiele hatte der Vater sie zu Klavierkonzerten erweitert. Äußerer Anlaß der zweiten Fahrt nach Wien war die bevorstehende Hochzeit der Großherzogin Maria Josepha mit dem König von Neapel. Doch bevor die Mozarts Gelegenheit hatten, sich dem Hof vorzustellen, erkrankte die Braut an den Blattern und starb. Dadurch entfiel auch die Aussicht, in adlige Häuser gebeten zu werden, denn die Furcht vor der Seuche war groß. Trotzdem zögerte Leopold Mozart, Wien zu verlassen, in der vagen Hoffnung, der Kaiser könne ihn trotz der Hoftrauer noch rufen lassen. Als die Familie endlich vor den Blattern nach Olmütz auswich, hatte die Krankheit beide Kinder schon befallen. Ein ehemaliger Domherr von Salzburg holte die ganze Familie in die dortige Domdechantei, wo man erstaunlicherweise keine Angst vor Ansteckung hatte und die kranken Kinder sorgfältig gesund pflegte; Wolfgang war damals neun Tage lang blind.

Erst im Januar 1768 waren sie wieder in Wien. Trotz »erstaunlich häufigen Schnees« wurden sie auf der Reise dorthin nicht umgeworfen, wie Leopold anerkennend bemerkt. Er seufzt aber auch: »Was solche Reisen für Geld kosten, läßt sich leicht vorstellen.« Und noch immer war an Konzerte nicht zu denken, obwohl die Kaiserin die Familie einlud und sich mütterlich interessiert an den Fortschritten der Kinder und ihrem Gesundheitszustand zeigte. Ihr Sohn, Joseph II., nun Mitregent, hielt streng auf Sparsamkeit, und der Adel folgte diesem Beispiel; selbst die Hofbälle, früher Ausdruck höfischen Glanzes, waren jetzt verpachtet und gegen Eintritt zugänglich, wie auch das Theater. So war der Einfluß des Kaisers auf das Opern-Repertoire nur gering.

Vor allem aber: Wolfgang galt nicht mehr als Wunderkind, das man freundlich begönnerte und als Sensation betrachtete. Er war inzwischen zwölf Jahre alt geworden, die Musikwelt begann ihn mit kühleren Augen und – als späteren Konkurrenten anzusehen. Schließlich legte der Kaiser dem Theaterpächter Affligio nahe, bei Wolfgang eine Oper in Auftrag zu geben. Affligio, eine recht zweideutige Persönlichkeit – er endete später als Fälscher auf der Galeere – schloß darauf mit den Mozarts einen Vertrag ab. Wolfgang wurde für ein Honorar von 100 Dukaten zur Komposition eines Werkes verpflichtet, dessen Aufführung im ›Kärntnertor-Theater‹ stattfinden sollte. Man wählte ›La finta semplice – Die verstellte Einfalt‹, einen Stoff nach Goldoni mit den bekannten Typen und Späßen der Opera buffa, der heiteren italienischen Oper. Doch ständig neu auftauchende Intrigen, hinter denen offenbar stets Affligio stand, ließen es nicht zur Aufführung kommen. Alle Bemühungen Leopold Mozarts, das Talent seines Sohnes und die Qualität seiner Opernkomposition unter Beweis zu stellen, waren vergeblich. Sogar ein in Gegenwart zahlreicher »Personen von Ansehn« komponierter, Wolfgang unbekannter Text änderte nichts an der verfahrenen Situation. ›La finta semplice‹ wurde nicht aufgeführt, das vereinbarte Honorar nicht gezahlt. »So muß man sich in der Welt durchraufen; hat der Mensch kein Talent, ist er unglücklich genug, hat er Talent, so verfolgt ihn der Neid nach dem Maß seiner Geschicklichkeit.«

Eine kleine Entschädigung mag in dieser Situation der Auftrag des bekannten Arztes und Magnetiseurs Dr. Anton Mesmer an Wolfgang gewesen sein, ›Bastien und Bastienne‹ zu komponieren. Der Text des Werkchens ist eine Nachbildung des damals sehr beliebten Rousseauschen ›Dorfwahrsagers‹ und entsprach in seiner singspielhaften Schlichtheit dem Vorstellungsvermögen eines Zwölfjährigen weit besser als die burleske Komik der italienischen *buffa*. Im Dezember wurde Wolfgang beauftragt, die Musik zur Einweihung der Waisenhauskirche am Rennweg zu schreiben. Bei dem feierlichen Gottesdienst war auch der Kaiser mit mehreren Erzherzögen und Erzherzoginnen anwesend. Im ›Wiener Diarium‹ vom 10. Dezember 1768 hieß es:

»Die ganze Musik des Waisenchors bey dem Hochamte wurde von dem wegen seinen besonderen Talenten bekannten Wolfgang Mozart, zwölfjährigen Söhnlein des in fürstlich salzburgischen Diensten stehenden Kapellmeisters Hr. Leopold Mozart, zu dieser Feyerlichkeit ganz neu verfasset, mit allgemeinem Beyfalle und Bewunderung von ihm selbst aufgeführet, mit der größten Richtigkeit dirigiret, und nebst deme auch die Motetten gesungen.«

So konnte Leopold Mozart mit den Seinen aufatmend und nicht gänzlich geschlagen nach Salzburg zurückkehren. Im Mai 1769 wurde dem jungen Opernkomponisten eine späte Genugtuung zuteil: Der Erzbischof ließ ›La finta semplice‹ im Carabinierisaal der

Salzburger Residenz aufführen. Fast ein halbes Jahr nach der Entstehung wird Wolfgang wahrscheinlich selber gespürt haben, welche Schwächen diese seine erste Oper aufwies.

Die bitteren Erfahrungen der Wiener Zeit ließen eine Studienreise nach Italien nun dringender denn je erscheinen. »Ehe der Wolfgang in die Jahre und demjenigen Wachstum kommt, das seinen Verdiensten die Bewunderung entzieht.« Wieder kam Leopold Mozart um Urlaub ein, wieder wurde er gnädig gewährt und der dreizehnjährige Wolfgang vor der Abreise noch förmlich zum Hofkonzertmeister ohne Gehalt ernannt.

Die Hochfürstliche Hof-Musik

Kapellmeister

Herr Joseph Lolli
Herr Dominicus Fischietti, den 5. Sept. 1772

Vicekapellmeister

Herr Leopold Motzart, den 28. Feb. 1763

Konzertmeister

Herr Johann Michael Hayden
Herr Wolfgang Motzart

Amadeo in Italien

Nach Italien also. Es war schon spät im Jahr, Dezember 1769, und man scheute damals Reisen während der Wintermonate.

Doch diesmal ging's ja in den Süden. Wolfgang stand kurz vor seinem vierzehnten Geburtstag. Der erste Brief, den er aus Wörgl an die Mutter schreibt, zeigt, wie unbeschwert er auf die für ihn so bedeutungsvolle Reise ging:

Allerliebste Mama,
Mein Herz ist völlig entzücket, aus lauter Vergnügen, weil mir auf dieser Reise so lustig ist, weil es warm ist in dem Wagen, und weil unser Kutscher ein galanter Kerl ist, welcher, wenn es der Weg ein bißchen zuläßt, so geschwind fahrt. Die Reis-Beschreibung wird mein Papa der Mama schon erkläret haben, die Ursache daß ich der Mama schreibe, ist, zu zeigen, daß ich meine Schuldigkeit weiß, mit der ich bin in tiefstem Respekt ihr getreuer Sohn

Wolfgang Mozart

Wieder hatte der Vater alle nur erdenklichen Beziehungen zu Fürstenhöfen, adligen Gönnern und berühmten Musikern genutzt, um die Reise sorgfältig vorzubereiten. Eine der wichtigsten Empfehlungen stammte von Johann Adolf Hasse, dem damals berühmtesten Schöpfer italienischer Opern in Deutschland. Sein Brief war für einen Bologneser Freund bestimmt; es hieß darin über Wolfgang: »Letzterer, der nicht älter als 12 oder 13 Jahre sein dürfte, gibt in diesem Alter schon einen Komponisten und Kapellmeister ab. Ich habe die Kompositionen gesehen, die von ihm sein sollen; sie sind sicherlich nicht schlecht, und ich habe darin nichts von einem zwölfjährigen Knaben bemerkt. Ich wage nicht, es irgendwie in Zweifel zu ziehen, daß sie von ihm sind. Auf dem Klavier habe ich ihn auf verschiedene Art geprüft, und da hat er mir Dinge gezeigt, die für so ein Alter etwas Unbegreifliches haben. Der Knabe ist außerdem auch schön, lebhaft, anmutig und benimmt sich in allem so hübsch, daß man gar nicht umhin kann, ihn lieb zu haben. Das eine ist sicher: Wenn seine Entwicklung mit dem Alter Schritt hält, wird ein Wunder aus ihm. Nur darf der Vater ihn nicht zu sehr verhätscheln und durch Beräucherung mit übertriebenem Lob verziehen. Das ist die einzige Gefahr, die ich befürchte.«

Wolfgang blieb von den sorgenvollen Erwägungen seines Vaters ganz unberührt. »Itzt hört der teutsche Tölpel auf und fängt das welsche Tölperl an«, schreibt er vergnügt aus Verona. Dort wurden dem jungen Musikanten, wie schon zuvor in Rovereto, wahre Ovationen bereitet. Als er sich auf der Orgel einer Kirche produzieren wollte, entstand ein solches Gedränge, »daß wir nicht würden Platz gefunden haben, wenn uns die Patres, die schon an der Klosterpforten uns erwartet, nicht in die Mitte genommen hätten. Da es vorbei war, war das Lärmen noch größer, denn jeder wollte den kleinen Organisten sehen.«

Die vornehmen Familien der Stadt rissen sich förmlich um Vater und Sohn, überall wurden sie eingeladen und von eleganten Wagen abgeholt und zurückgebracht. Der Generaleinnehmer von Venedig, Signor Lugiati, bat um die Ehre, Wolfgang malen lassen zu dürfen. Dieses Porträt von dalla Rosa gilt als das ähnlichste Bild Wolfgangs aus der Jugendzeit. Trotz der vielen musikalischen und gesellschaftlichen Beanspruchungen fand Leopold Mozart noch Zeit, mit seinem Sohn das Amphitheater, das Museum und andere Sehenswürdigkeiten zu besichtigen. Das Wichtigste waren für beide die Opernbesuche, die in jeder Stadt wahrgenommen wurden.

Doch immer noch setzte Kälte den Reisenden zu, und Leopold Mozart schreibt aus Mantua: »Kein warmes Zimmer, verfrieren wie ein Hund, alles, was ich nur berühre, ist Eis!« Auch hier produzierte sich Wolfgang vor einem begeisterten Publikum in einem »wie die Opernhäuser gebauten Saal mit Logen. Du mußt aber wissen, daß weder diese academia in Mantua noch in Verona für Geld gemacht wird, sondern alles gehet frei hinein. Du wirst aber daraus leicht schließen, daß wir in Italien nicht reich werden.«

Am 23. Januar kamen die Mozarts in Mailand an. Hier konnten sie bei den Augustinern im Kloster von S. Marco wohnen, hatten drei

Wolfgangs Mutter

große Zimmer zur Verfügung, und eines davon war heizbar. Wolfgang erhielt das Bett angewärmt und war deshalb »beim Schlafengehen allezeit in seinem Vergnügen«. Lustig fügt er als Nachschrift an: »Wenn man die Sau nennt, so kommt sie gerennt: Ich bin wohlauf Gott Lob und Dank, und kann kaum die Stunde erwarten, eine Antwort zu sehen, ich küsse der Mama die Hand und meiner Schwester schicke ich ein bladermades Bussel, und bleibe der nämliche ... aber wer? ... der nämliche Hanswurst, Wolfgang in Teutschland, Amadeo in Italien.«

Das wichtigste Haus in Mailand wurde für die Mozarts das des Generalgouverneurs der Lombardei, Graf Firmian. Sein älterer Bruder war bis 1740 Erzbischof von Salzburg gewesen, er selbst zum Teil in Salzburg aufgewachsen. Er war viel gereist, besaß kostbare Sammlungen und unterstützte Gelehrte und Künstler. Durch ihn wurden Vater und Sohn in die vornehmen Familien Mailands eingeführt und lernten auch bekannte Musiker kennen. Beim Grafen Firmian produzierte sich Wolfgang mit neu komponierten Arien aus Texten von Metastasio, die allgemein starken Eindruck machten. Wolfgang erhielt danach die von Leopold Mozart heiß ersehnte »scrittura«, d. h., den Auftrag für die Komposition einer Oper der Mailänder Karnevalszeit. Der Vertrag wurde im Firmianschen Palais abgeschlossen. Er billigte Wolfgang 130 Gigliati und freie Station während der Einstudierungszeit in Mailand zu. Der Graf beschenkte ihn mit einer Tabatiere, 20 Gigliati und außerdem mit den Werken Metastasios, des damals berühmtesten Operntextdichters Europas; für den künftigen Opernkomponisten eine besonders wertvolle Gabe. Die Zukunft zeigte märchenhafte Aspekte.

Der Aufenthalt in Mailand zog sich hin, Wolfgang wurde zu weiteren Konzerten aufgefordert, und schließlich gerieten Vater und Sohn noch in das übermütige Fastnachtstreiben. Leopold schreibt nach Haus, daß sie sich Mäntel und Bajotten – Faschingskappen – hätten machen lassen müssen. »Ich sah mich im Spiegel, da wir sie probierten, und dachte mir: Nun muß ich in meinen alten Tagen auch noch diese Narretei mitmachen. Dem Wolfgang stehet es unvergleichlich an, und da wir schon diese närrische Ausgabe machen mußten, so ist mein Trost, daß man es zu allerhand anderen Sachen wieder brauchen kann.«

In Bologna wurde Graf Pallavicini zum Gönner der Mozarts. Leopold hebt seine Freundlichkeit, Großmut, Gelassenheit und eine besondere Liebe und Einsicht in alle Gattungen der Wissenschaft hervor. Auch er lud zu einer Akademie ein, bei der 150 Personen des ersten Adels anwesend waren. Das Konzert dauerte von ½8 bis Mitternacht, »weil die Noblesse keinen Aufbruch machte«. Unter den Zuhörern war der berühmte Padre Martini, der sonst keine Konzerte zu besuchen pflegte und als europäische Kapazität in allen Fragen der Musik, namentlich aber des Kontrapunktes, galt. Bei diesen Konzerten zeigte sich Wolfgang nicht nur als Virtuose, sondern auch als Komponist. Häufig mußte er über gegebene Themen, wie es damals üblich war, improvisieren. Seine Fähigkeiten auf diesem Gebiet beeindruckten natürlich besonders in Anbetracht seines jugendlichen Alters. Leopold Mozart berichtet nach Haus:

»Was mich in Sonderheit vergnügt, ist, daß wir hier ungemein beliebt sind und daß der Wolfgang hier noch mehr bewundert wird, als in allen anderen Städten Italiens, weil hier der Sitz von vielen Meistern, Künstlern und gelehrten Leuten ist. Hier ist er auch am stärksten geprüft worden, und dies vergrößert seinen Ruhm durch ganz Italien, weil der Padre Martini der Italiener Abgott ist, und dieser mit solcher Verwunderung von dem Wolfgang spricht und alle Proben mit ihm gemacht hat.« Der junge Salzburger hatte ihn zweimal aufgesucht und Fugen zur Ausarbeitung von ihm erhalten; auf der Rückreise sollte sich diese Beziehung noch enger und freundschaftlicher gestalten.

In Florenz residierte damals Großherzog Leopold, der jüngere Bruder Kaiser Josephs II. Nach dessen Tod bestieg er als Leopold II. den Thron der Habsburger. Die Mozarts waren ihm von ihrer ersten Wiener Reise her bekannt. Der kaiserliche Gesandte in Florenz, Graf Orsini-Rosenberg, der sie empfing, wurde später Hoftheater-Intendant in Wien und für Wolfgang ein wichtiger Mann. Bei der Musik am Hofe wirkte der berühmte Geiger Pietro Nardini mit, der gerade Hofkomponist geworden war. Hier wurden Wolfgang die »schwersten Fugen und Themata aufgegeben, die er, wie man ein Stück Brot ißt, weggespielt und ausgeführt«. Außer dem Londoner Sänger und Freund der Mozartschen Familie, Manzuoli, begegneten sie einem vierzehnjährigen englischen Geiger, Thomas Linley, der bei Nardini studierte und als große Zukunftshoffnung galt. Die beiden gleichaltrigen Jungen freundeten sich schnell an, sie musizierten stundenlang miteinander – »nicht als Knaben, sondern als Männer« – und waren bis zum Abschied, der unter Tränen stattfand, unzertrennlich. Es ist das einzige Mal, daß wir von einer freundschaftlichen Beziehung Wolfgangs zu einem Gleichaltrigen hören, da er ja nie in eine Schule gegangen ist und sich von früh an unter Erwachsenen bewegen mußte. Die Karriere des begabten Thomas Linley war nur kurz; er ertrank mit zweiundzwanzig Jahren.

Neben den musikalischen und gesellschaftlichen Verpflichtungen nahm Leopold Mozart mit wachem Interesse die erlesene Schönheit der Stadt wahr. Er schreibt an seine Frau: »Ich wünschte, daß Du Florenz selbst und die ganze Gegend und Lage dieser Stadt sehen solltest. Du würdest sagen, daß man hier leben und sterben soll. Ich werde diese paar Täge alles sehen, was zu sehen ist.« Danach reisten Vater und Sohn »in dem abscheulichsten Regen und kalten Winde« in fünf Tagen von Florenz nach Rom.

Obwohl sie noch keine Gelegenheit gehabt hatten, ihre zwanzig Empfehlungsschreiben bei den vornehmen Adressaten abzugeben, nahmen sie an den Feierlichkeiten der Karwoche teil und erhielten Zutritt zur Tafel der Kardinäle. Wolfgang kam dabei neben den Sessel des Kardinals Pallavicini zu stehen. Sein Vater berichtet: »Dieser gab dem Wolfgang einen Wink und sprach zu ihm: Wollten Sie nicht die Güte haben, mir im Vertrauen zu sagen, wer Sie sind? Der Wolfgang sagte ihm alles. Der Kardinal antwortete ihm mit der größten Verwunderung und sagte: Ey, sind Sie der berühmte Knab, von dem mir so vieles geschrieben worden? ... Die gute Kleidung, meine gewöhnliche Freiheit, mit welcher ich meinen Bedienten in teutscher Sprache den Schweizern zurufen ließ, daß sie Platz machen sollten, half uns allerorten durch. Sie hielten den Wolfgang für einen teutschen Kavalier, andre gar für einen Prinzen. Ich ward als sein Hofmeister angesehen.«

Die Anmut und Sicherheit, mit der sich der Vierzehnjährige zu bewegen wußte, wie auch sein gutes Italienisch, gewannen ihm sofort Sympathien. Besondere Bewunderung erregte es, daß er das berühmte ›Miserere‹ von Gregorio Allegri, das man nur in der Karwoche hören konnte, aus dem Gedächtnis aufgeschrieben hatte. Es war ein Werk für vier-, fünf- und neunstimmigen Chor, dessen Noten weder kopiert noch verliehen werden durften. So war Wolfgangs Name in aller Munde, bevor er auch nur eine Note gespielt hatte. Im Hause des päpstlichen Kuriers Uslenghi fanden Vater und Sohn gastliche Aufnahme. »Hier sind wir sehr gut«, berichtet Leopold nach Haus. »Die Frau und Tochter wissen nicht, wie sie uns genug bedienen sollen ... wir speisen zusammen, haben ein großes Zimmer ... kommen Freunde zu uns, so sind wir Herr von allen anderen Zimmern, und da die Tochter eine Anfängerin vom Clavier ist, sind wir auch nicht ohne Flügel.«

Wolfgang besuchte mehrmals das Collegium germanicum, das eine große musikalische Tradition pflegte und in dem viele europäische Fürstensöhne erzogen worden waren. Er spielte dort und beim Duca Althem, wahrscheinlich in dessen wunderschön ausgestattetem Teatrino. Auch in Rom wurden die Sehenswürdigkeiten wahrgenommen, Wolfgang hat sogar den heiligen Petrus mit dem Schlüsselamt für seine Schwester gezeichnet. Dazu meldet er: »... ich hab die Ehre gehabt, dem heiligen Petrus seinen Fuß zu sanct Pietro zu küssen, und weil ich das Unglück habe, so klein zu sein, so hat man mich als den nämlichen alten Fechsen

Wolfgang Mozart
hinauf gehebt«

Offenbar drängte Leopold Mozart zur Reise nach Neapel, von der er sich viel versprach: Die junge Königin Caroline war eine Tochter von Maria Theresia und den Mozarts von Wien her bekannt. Die Fahrt mußte sorgfältig vorbereitet werden, denn die Wege dorthin galten als sehr unsicher. Ein Kaufmann war kurz zuvor unterwegs von Räubern überfallen und totgeschlagen worden. Sie reisten schließlich in Gesellschaft einer Gruppe von Augustinermönchen in vier »Sedien oder zweisitzigen Wägen«. In Neapel wohnten sie für 4 Dukaten monatlich in einem Privathaus und legten hier ihre schön verzierten Sommerkleider an. »Des Wolfgang seines ist rosenfarbener Moir, doch von so besonderer Farb, daß es in Italien colore di fuoco oder Feuerfarb genennet wird; mit silbern Spitzen und lichtblau gefüttert. Mein Kleid ist eine Art von Zimmetfarb. Es sind zwei schöne Kleider, die aber, bis wir nach Hause kommen, wie die alten Jungfern aussehen werden.«

In diesen Gewändern, »schön wie die Engel«, spottet Wolfgang, erschienen sie zur Audienz bei dem allmächtigen zweiundsiebzigjährigen Minister Tanucci und dem englischen Gesandten Hamilton, den sie von London her kannten. Beim kaiserlichen Gesandten Graf Kaunitz-Rietberg fand eine Akademie statt; von der jungen Königin Carolina, die Wolfgang aus Wien kannte, und vom König wurden sie jedoch nicht empfangen. Auch zu einem Auftreten bei Hofe kam es nicht. In einem übermütigen Brief an die Schwester schreibt Wolfgang, zunächst auf salzburgisch: »Heut raucht der Vesuvius stark. Potz Blitz und ka nent aini.« Er fährt auf italienisch fort und schildert schließlich die neue Oper von Jommelli: »Sie ist schön, aber zu gescheut und zu altväterisch fürs Theater. Die De Amicis singt unvergleichlich, wie auch der Aprile. Die Tänze sind miserabel pompös. Das Theater ist schön. Der König ist grob neapolitanisch auferzogen und steht in der Oper allzeit auf einem Schemerl, damit er ein bissel größer als die Königin scheint. Die Königin ist schön und höflich, indem sie mich gewiß sechsmal auf der strada al Molo – das ist eine Spazierfahrt – auf das Freundlichste gegrüßt hat.«

Dabei blieb es. Wolfgang ließ sich verschiedentlich privat hören und besuchte mit dem Vater allerhand Sehenswürdigkeiten: Pompeji und Herculaneum, Caserta, die Neronischen Bäder, die grotta di Pozzuoli und das Grab des Virgil. »Man muß alle Seltenheiten zu sehen allezeit ein Flambo (Fackel) mit haben, indem vieles unter der Erde ist«, schreibt Leopold nach Haus.

Das Musikleben war damals wahrhaft international. Wer in London oder Wien Ruhm erworben hatte, wurde auch nach Italien oder Frankreich engagiert. So bot der freundschaftliche Gedankenaustausch mit den zahlreichen Musikern Neapels viel Anregung. Die Rückfahrt nach Rom traten Vater und Sohn mit der Extrapost an. Sie fuhren siebenundzwanzig Stunden hintereinander, konnten kaum schlafen und mußten sich unterwegs mit kaltem Huhn und Brot als Verpflegung begnügen. »Da wir in unser Zimmer kamen«, berichtet Leopold, »setzte sich der Wolfgang auf einen Sessel nieder und fing augenblicklich zu schnarchen an, so daß ich ihn völlig auszog und ins Bett legte. Als er 9 Uhr morgens erwachte, wußte er nicht, wo er war.«

Im Juli 1770 wurde Wolfgang vom Papst zum »Ritter vom goldenen Sporn« ernannt. Der Kardinal Pallavicini, sein Gönner vom ersten Tage an, überreichte ihm den Orden. Drei Tage später wurden Vater und Sohn von Papst Clemens XIV. in Audienz empfangen. »Das Ordenskreuz ist das nämliche, was der Gluck hat«, schrieb Leopold Mozart seiner Frau. »... Du kannst Dirs einbilden, wie ich lache, wenn alle zu ihm itzt Signor Cavaliere sagen. Du weißt, daß in den Opernbücheln, so für den Hof selbst in Wien gedruckt werden, allzeit stehet: dal Signor Cavaliere Gluck. Ein Zeichen, daß es ein vom kaiserlichen Hof selbst anerkannter Orden ist.«

Wolfgang bedankt sich in der Nachschrift des Briefes für ein Lied, das Nannerl ihm komponiert hatte, und ermuntert sie, öfters so etwas zu probieren. Er unterschreibt – und es ist das einzige Mal, daß er seine Auszeichnung ernsthaft anwendet – »votre très humble serviteur et frère, chevalier de Mozart.«

In Bologna erfuhr Wolfgang, daß für seine Oper der Text eines Turiner Dichters, ›Mitridate, Re di Ponto‹, bestimmt sei. Vor allem aber konnten Vater und Sohn hier endlich ausruhen. Es war höchste Zeit. Wiederholt hatte Wolfgang in den Briefen bemerkt, Italien sei ein »Schlafland«, die Städte »Schlafstädte«, oder: Es schläfere ihn schon wieder. Sie waren Gäste des Grafen Pallavicini auf dessen Landgut in der Umgebung Bolognas. Leopold schildert »die Herrlichkeiten, mit der wir bedient sind. Die Zimmer und Betten kannst

Du Dir nicht einbilden, die Leintücher sind feiner als manches Edelmanns Hemd, alles ist vom Silber, sogar das Nachtgeschirr und das Nachtlicht. Wir haben einen Laufer und einen Bedienten zu unserer Bedienung, folglich zwei Personen, und der Laufer schlaft in unserem Vorzimmer, um in allen Fällen bei der Hand zu sein, der Bediente muß dem Wolfgang die Haare in Ordnung bringen ... so bald in Mailand bin, muß die Halsbindl und Hemden des Wolfgang alle fast ändern lassen ... es wird alles zu enge, und die viele Seiden, so an seinem Brillantring war, ist alle weg ... Stimme zum Singen hat er itzt gar keine, diese ist völlig weg; er hat weder Tiefe noch Höhe und nicht fünf reine Töne. Dies ist etwas, das ihn sehr verdrießt, denn er kann seine eigenen Sachen nicht singen.«

In diesen ruhigen Wochen beschäftigte sich Wolfgang intensiv mit dem Textbuch des ›Mitridate‹ und begann die Rezitative zu komponieren. Eine besondere Ehrung wurde ihm von der Academia filarmonica zu Bologna zuteil; sie nahm ihn, nach einer schwierigen Klausurarbeit, einstimmig als Mitglied auf – einen Vierzehnjährigen! Dem stolzen Bericht des Vaters darüber fügt Wolfgang nur eine kindliche Nachschrift an: »Meine liebe Mama, ich kann nicht viel schreiben, denn die Finger tun sehr weh von so viel Rezitativ schreiben: Ich bitte, bete die Mama für mich, daß die opera gut geht und daß wir dann glücklich wieder beisamm sein können.«

Die Oper hatte im 18. Jahrhundert eine ganz andere Funktion als heute. Sie war Ausdruck des Absolutismus, festliche Überhöhung von Fürstenhochzeiten, Krönungsfeierlichkeiten und Staatsbesuchen und wurde meist in den Karnevalsmonaten geboten. Die ›Opera seria‹, aus den frühen Bemühungen der Renaissance hervorgegangen, war im Grunde die mißverstandene Nachahmung antiker Dramen. Die gleichen Vorwürfe und Texte, meist antike Stoffe, die der gebildeten Welt vertraut waren, wurden jahrelang wieder verwendet und in barocker Manier bearbeitet. So handelte auch ›Mitridate, Re di Ponto‹ von Liebe, Intrigen, Verzicht und königlichem Edelmut. Es war kein Stoff, der einen Vierzehnjährigen begeistern konnte.

Als Mozart nach Italien kam, wurde noch immer ungeheuer viel produziert. Zu jedem Karneval, jedem höfischen Ereignis mußten neue Werke aufgeführt werden; jedes wurde meist nur an dem Ort, für den es geschrieben war, eine Saison hindurch gespielt. Dafür erhielten Textautor und Komponist ein einmaliges Honorar; in Wien betrug es für den Komponisten 100 Dukaten, in Italien 130 Gigliati. War das Werk so erfolgreich, daß auch andere Städte dafür Interesse zeigten, so versuchten die Notenkopisten ihre Abschriften unter der Hand zu verkaufen. Leopold Mozart schreibt von Venedig aus über das Manuskript des ›Mitridate‹ nach Salzburg: »Was die opera anbelangt, werden wir solche noch nicht mitbringen, indem sie noch in des Kopisten Händen ist, und solcher, wie alle Opernkopisten in Italien, das Original nicht aus Händen lassen, so lange sie ihren Schnitt machen können, damit sie es allein haben. Der Kopist hatte, da wir von Mailand abreiseten, 5 ganze Kopien zu machen.« Oft erzielten auf diese Weise die Kopisten höhere Gewinne als die Komponisten, die für weitere Aufführungen meist keinen Pfennig bekamen; Urheberschutz war damals unbekannt.

Auch die Aufführungen glichen den heutigen nicht. Die Szene hatte etwas von einem Schachbrett, es war genau bestimmt, in welchen Feldern die verschiedenen Darsteller sich zu bewegen hatten. Alles war auf bildhafte Wirkung angelegt, und die feststehenden Regeln des Altertums wurden noch beachtet: Je nachdem die auftretenden Personen vom Lande, aus der Stadt oder vom Hafen her kamen, hatten sie eine bestimmte Seite bei ihrem Auftritt zu benutzen.

Die rechte Seite, vom Zuschauer aus, galt als die bewegliche, die linke als feste. Besonders bevorzugter Standpunkt war natürlich die Mitte, die der Hofloge gegenüber lag. Die Hauptsolisten standen in gerader Linie, parallel zur Rampe aufgereiht, Hauptheld oder Liebhaber rechts. Die Mitte war der Standpunkt der Abgangsarie, hier fand auch der Hauptauftritt statt. Ein Zusammenspiel in unserem Sinne gab es nicht. Für das damalige Publikum galt das »plaisir physique«, d.h. man wollte schönes Singen hören und angenehme Bilder betrachten. Dramatische Vorgänge wurden im ›Secco-Rezitativ‹ abgetan, dem vom Cembalo begleiteten Sprechgesang. Das ›Recitativo accompagnato‹, das vom Orchester begleitete Rezitativ, leitete die große Arie ein und wurde »im erhöhten declamando und vollständig sonor« gesungen. Die Arie war reflektierte Lyrik, mußte schön sein, den Sängern Gelegenheit geben, alle ihre Künste zu zeigen. Sie wurde mit wenigen Stellungsänderungen und Bewegungen, fast konzertmäßig, gesungen. Nur im Rezitativ kam es zu lebhafteren Gesten. Diese Barock-Opern waren Feste der Stimmen, und derjenige Komponist errang die größten Erfolge, der es verstand, für die vorhandenen Kräfte am vorteilhaftesten zu schreiben. Deshalb komponierte er bei Erteilung des Auftrags zunächst die Rezitative; die Arien mußten kurz vor Beginn der Einstudierung den Sängern an Ort und Stelle ›auf den Leib‹ zugeschnitten werden.

Man kann sich vorstellen, daß der vierzehnjährige Wolfgang, trotz aufmerksamen Verfolgens Dutzender von Opernaufführungen in Italien, nicht ohne Lampenfieber an die Komposition dieses hochpathetischen Textes ging. Es war gut, daß der Vater ihm zur Seite stand und seine schwankende Stimmung günstig beeinflussen konnte. Die hellhörigen Kopisten prophezeiten einen Erfolg, Sänger und Orchester waren mit ihren Partien zufrieden, und so ging die Uraufführung am 26. Dezember 1770 unter Wolfgangs Leitung mit allgemeinem Beifall in Szene. Fast alle Arien erhielten Applaus und zum Schluß wurde »Viva il Maestro, viva il Maestrino« gerufen. Dieser Erfolg galt in erster Linie dem jugendlichen Alter des Komponisten und seiner erstaunlichen Beherrschung des technisch-musikalischen Apparates. Kenner des Werkes rühmen auch heute die melodische Erfindung und die allgemeine Kraft der Musik, die in reiner Schönheit strömt.

Bereits auf der Rückreise von Mailand, in Verona, erfuhr Leopold Mozart, daß seinem Sohn weitere »unsterbliche Ehre« zuteil werden sollte: der Auftrag, zur Hochzeit des Erzherzogs Ferdinand in Mailand eine theatralische Serenata, ›Ascanio in Alba‹, zu komponieren. Die wichtigere Festoper ›Ruggiero‹, war Wolfgangs Gönner, Johann Adolf Hasse übertragen worden. So kamen Vater und Sohn bereits im August 1771 wieder nach Mailand, und diesmal war, neben anderen berühmten Sängern, auch ihr Londoner Freund Manzuoli engagiert. Das Verhältnis zu Hasse war gut und Wolfgang seiner Aufgabe gegenüber nun schon sicherer als ein Jahr zuvor. Humorvoll schildert er der Schwester die Mailänder Wohnung, in der seine Hauptarbeit vor sich ging:

»Ober unser ist ein Violinist, unter unser auch einer, neben unser ein Singemeister, der Lektionen gibt, in dem letzten Zimmer gegen unser ist ein Hautboist. Das ist lustig zum Komponieren! Gibt einem viel Gedanken.«

Mit zahlreichen Chören und Ballettnummern reizvoll ausgestattet, gefiel die Serenata allgemein, und ihr Erfolg übertraf sogar, wenn man Leopold Mozart glauben kann, den des ›Ruggiero‹. Die Hoffnung, Wolfgang könne beim lombardischen Hof eine ehrenvolle Anstellung finden, stieg aufs höchste. Tatsächlich spielte Erzherzog Ferdinand eine Zeitlang mit dem Gedanken, den jugendlichen Komponisten in seine Dienste zu nehmen. Doch Maria Theresia riet ihrem Sohn davon ab. Sie schrieb im Dezember 1771 an ihn:

»Du frägst mich, ob Du den jungen Salzburger in Deine Dienste nehmen sollst. Ich wüßte nicht warum, da Du doch nicht nötig hast, einen Komponisten oder unnütze Leute anzustellen. Wenn es Dir trotzdem Vergnügen macht, möchte ich Dich nicht daran hindern. Ich sage es Dir nur, um Dich nicht mit unnützem Volk zu belasten. Vermeide es durchaus, solchen Menschen Titel zu verleihen, als ob sie in Deinem Dienste stünden. Das diskreditiert den Dienst, wenn diese Leute in der Welt wie Bettler herumlaufen. Zudem hängt ihm eine große Familie an.«

Von dieser kritischen Einstellung ihrer großen Gönnerin ahnten die Mozarts nichts. In strahlender Stimmung kamen sie zum selben Zeitpunkt nach Salzburg zurück, als der ihnen so wohlgesonnene Erzbischof Graf Schrattenbach die Augen für immer schloß. Im März 1772 wurde der bisherige Bischof von Gurk, Graf von Colloredo, zum Nachfolger ernannt. Er war dem Kaiser genehm und ein überzeugter Anhänger der Aufklärung. Unter ihm begann ein ganz anderes Regime als unter dem gütigen Vorgänger; er trat dem allgemeinen Salzburger Schlendrian energisch entgegen, ordnete die

Finanzen und setzte Anordnungen notfalls mit scharfen Maßregeln durch. »Er weiß, daß er den Salzburgern nicht sehr angenehm ist, verachtet sie daher und verschließt sich«, urteilte ein Zeitgenosse. Für Leopold Mozart war es kränkend, daß er auch jetzt nicht, wie längst erwartet, zum Hofkapellmeister ernannt wurde. Ein Neapolitaner aus Dresden, Domenico Fischietti, wurde ihm vorgezogen. So beruhten Skepsis und Abneigung von vornherein auf Gegenseitigkeit, um so mehr, als Colloredo die Ansicht des damaligen ›aufgeklärten Despotismus‹ vertrat, daß nämlich der Untergebene sich unbedingt nach der Meinung des Fürsten zu richten und diesen als Wohltäter zu betrachten hätte. Die scharfe Trennung, die zwischen dem höheren Adel und den Bürgerlichen bestand und die Leopold Mozart kraft seiner Tüchtigkeit, Bildung und Begabung wenigstens teilweise überwunden zu haben meinte, wurde durch die schneidende Anrede mit »Er« noch unterstrichen. Wolfgang schrieb später einmal aus Mannheim: »Ich getrauete mich nicht recht, zu widersprechen, weil ich schnurgerade von Salzburg herkam, wo man einem das Widersprechen abgewöhnt.«

Zunächst ergab sich nichts Nachteiliges für ihn. Er erhielt zu seinem Konzertmeister-Titel jetzt sogar ein Gehalt von jährlich 150 Gulden und durfte zu den Einzugsfeierlichkeiten des neuen Herrschers das Festspiel ›Il sogno di Scipione‹ beisteuern, wieder eine Huldigungs-Serenade in italienischem Stil. Am spürbarsten entfaltete sich in dieser Zeit der Instrumentalkomponist. Er schrieb innerhalb eines dreiviertel Jahres unter anderem acht Sinfonien, drei Divertimenti für Streichquartett und ein sechssätziges Divertimento für Streicher und Bläser. In diesen Werken entwickelte sich, zunächst noch nach italienischen Vorbildern und Anregungen, die auf Joseph Haydn und seinen Salzburger Bruder Michael verweisen, Mozarts frühe Eigenart. Sein dritter Auftrag, für die Mailänder Oper zum Karneval 1772/73 ›Lucio Silla‹ zu komponieren, wurde vom neuen Erzbischof gnädig anerkannt, und so konnten beide Mozarts am 24. Oktober wieder gen Italien ziehen. Am 28. waren sie »schon erstaunlich weit gereist« – nämlich bis Bozen! »Dies Sauloch«, wie Wolfgang es drastisch nennt. Für die rauhe Schönheit des Hochgebirges hatten die Menschen der Rokoko-Zeit noch keinen Sinn. Am 7. November trafen Vater und Sohn in Mailand ein. Da der Text von Giovanni da Gamerra zur Prüfung an den berühmten Metastasio geschickt worden war, erhielt Wolfgang ihn, mit zahlreichen Änderungen versehen, erst ziemlich spät. Anfang Dezember schreibt er an Nannerl: »Nun habe ich noch 14 Stücke zu machen, dann bin ich fertig ... Ich kann unmöglich viel schreiben, denn ich weiß nichts, und zweitens weiß ich nicht, was ich schreibe, indem ich nur immer die Gedanken bei meiner opera habe und Gefahr laufe, Dir, anstatt Worte, eine ganze Aria herzuschreiben.«

Erst neun Tage vor der Premiere erschien der Tenor; Wolfgang mußte Tag und Nacht bereit sein, Rezitative zu ändern und ganze Arien neu zu schreiben, die dann sofort an die schon wartenden Kopisten gegeben wurden. Die Generalprobe verlief gut, die Aufführung jedoch verzögerte sich um drei Stunden! »Der Erzherzog war kurz vor Betläuten erst vom Mittagessen aufgestanden und hatte dann noch 5 Briefe oder Neujahrswünsche mit eigener Hand zu schreiben, und, er schreibt sehr langsam ... Stelle Dir nun vor, das ganze Theater um halbe 6 Uhr so voll, daß niemand mehr hineinkonnte. Die Sänger und Sängerinnen ... mußten in ihrer Angst, das Orchester und ganze Publikum in Ungeduld und auch Hitze, viele stehenden Fußes, 3 Stunden auf den Anfang der opera warten.«

So verlief die Uraufführung nicht ganz glücklich. Wolfgang erhielt, trotz späteren Erfolges der Oper, keine weitere »scrittura« für Mailand. Auch die Hoffnungen, die sich der Vater auf eine Anstellung beim Herzog von Toscana gemacht hatte, erfüllten sich nicht. Wolfgangs italienische Epoche war mit ›Lucio Silla‹ abgeschlossen.

Bald nach der Rückkehr von Vater und Sohn siedelte die Familie in eine neue größere Wohnung, ins sogenannte Tanzmeisterhaus am Hannibalplatz, über. Schon von unterwegs hatte Leopold an seine Frau geschrieben: »So, wie wir, wie die Soldaten, untereinander schliefen, können wir nicht mehr sein; der Wolfgang ist nicht mehr 7 Jahre alt.« Die neue Wohnung hatte acht große Zimmer, darunter einen Saal, in dem häusliche Konzerte stattfinden und Klaviere

Das Tanzmeisterhaus am Hannibalplatz in Salzburg, in das die Familie Mozart 1774 zog

aufgestellt werden konnten, die Leopold zuweilen in Kommission nahm. Auch ein Garten war dabei, in dem sich im Sommer ein- bis zweimal wöchentlich die Bölzl-Schützen-Gesellschaft versammelte. Das Wettschießen mit Luftbüchsen war damals ein beliebtes Spiel und Vorwand für regelmäßige gesellschaftliche Zusammenkünfte bei Familien des gehobenen Bürgertums. Auch adlige Kreise beteiligten sich. Beim Bestschießen mußte reihum jeder Teilnehmer eine bemalte Schützenscheibe mit bunten Bildchen und anzüglichen Versen liefern; Wolfgang wurde, wenn er abwesend war, über den Verlauf der Veranstaltungen unterrichtet.

Da sich der strenge Erzbischof im Sommer 1773 auf eine längere Reise begab und seine Hofbeamten gnädigst beurlaubte, konnte Leopold Mozart in diesen Monaten mit seinem Sohn zum dritten Mal Wien besuchen – in der stillen Hoffnung, dort eine Anstellung für ihn zu finden. Sie wurde nicht erfüllt. »Die Kaiserin waren sehr gnädig mit uns, allein dieses ist auch alles«, berichtet er gedrückt nach Haus.

Doch drang hier wieder die Vielfalt reichen musikalischen Lebens auf Wolfgang ein. Im Theater bereitete sich die künstlerische Auseinandersetzung zwischen dem älteren italienischen Stil – wie ihn Hasse vertrat – und den neuen Reformwerken von Gluck vor, die bereits die Aufmerksamkeit der Opernliebhaber erregten. In ihnen vollzog sich die Abkehr von den erstarrten Formen der Barockoper. Der dramatische Aufbau seiner Werke war von großer Klarheit und innerer Logik; Sologesang, Chöre und Orchester verschmolzen zu einer musikdramatischen Einheit von überzeugender Monumentalität, ohne menschliche Innigkeit vermissen zu lassen. Wolfgang hat in dieser Zeit vermutlich ›Paris und Helena‹, vielleicht auch ›Alceste‹ kennengelernt. Er sah zahlreiche italienische Buffo-Opern, die in Wien ausgezeichnet wiedergegeben wurden, und hörte neben älterer Instrumental- und Kirchenmusik vor allem Werke von Joseph Haydn. Dessen Streichquartette Op. 17 waren bereits erschienen. In ihnen vollzog sich der Durchbruch zu einem neuen, faszinierenden Stil. Wolfgang hat sie aufmerksam studiert. Er begann selber eine Folge von Quartetten zu komponieren, deren musikalische Sprache sich von früheren Versuchen deutlich unterschied.

Serenaden-Zeit

In den nun folgenden Salzburger Jahren entwickelte sich die künstlerische Persönlichkeit des jungen Musikers immer entschiedener. Die italienischen Erfahrungen, die bunten Wiener Eindrücke, alles, was ihn schon in der Knabenzeit auf den großen Reisen angerührt und beeinflußt hatte, verschmolz nach und nach mit der eigenen musikalischen Substanz, wurde sein Eigentum. Im Verlauf von drei Jahren entstanden annähernd 100 Werke, darunter Sinfonien, Serenaden und Divertimenti, das erste Klavierkonzert, fünf Violinkonzerte, Tafelmusiken für den Gebrauch des Hofes, Messen und Trio-Sonaten für die Dom-Musik. Die bedientenmäßige Anstellung mochte viele Nachteile haben, einen Vorteil brachte sie dem Komponisten zweifellos: Er konnte alle Werke, die er schrieb – und meist als Auftragsarbeit schrieb –, sofort im entsprechenden Rahmen und mit den nötigen Instrumenten und Sängern ausprobieren. Daß Mozart für seine Schöpfungen von Colloredo kein Extrahonorar und kaum je ein Lob erhielt, steht auf einem anderen Blatt.

Im Herbst 1774 erhielt er den Auftrag, für die kommende Karnevalszeit in München eine Opera buffa zu schreiben, ›La finta giardiniera, Die verstellte Gärtnerin‹. Vater und Sohn reisten mit erzbischöflicher Erlaubnis zu den Vorbereitungen nach München und wohnten beim Domherrn der Frauenkirche, »klein, aber bequem genug«, wie Leopold nach Haus berichtet. Über die Opern-Gepflogenheiten in München schreibt er:

»Hier ist es wie in Salzburg. Man kann eine opera, wo man zahlt, nicht öfter als zweimal nacheinander spielen, sonst würde man wenig Leute im Theater sehen, dann muß man 2 oder 3 Wochen wieder andere Opern aufführen, und erst wieder mit der vorigen herausrücken, so nämlich, wie man es mit den Komödien macht und mit den Balletten. Deswegen kennen sie wenigst 20 Opern auswendig mit denen abgewechselt wird, und unterdessen wird wieder eine neue einstudiert.« Man hatte also dort das Repertoire-System.

Nannerl wurde zur Premiere erwartet. Wolfgang erinnerte sie kurz vor ihrer Abreise an einen wichtigen Auftrag; aus den geheimnisvollen Andeutungen seines Briefes läßt sich herauslesen, wie gut sich die Geschwister verstanden und daß in unbeschwerten Augenblicken Spaß und Neckerei, wie in den Kinderjahren, zu ihrem Umgangston gehörten.

»Meine liebste Schwester, ich bitte Dich, vergesse nicht vor Deiner Abreise Dein Versprechen zu halten, das ist, den bewußten Besuch abzustatten – denn ich habe meine Ursachen. Ich bitte Dich, dort meine Empfehlung auszurichten – – – aber auf das Nachdrücklichste – und Zärtlichste – und – oh – ich darf mich ja nicht so bekümmern, ich kenne ja meine Schwester, die Zärtlichkeit ist ihr ja zu eigen; ich weiß gewiß, daß sie ihr Mögliches tun wird, um mir ein

Barbara von Mölk, für die Wolfgang in der Serenadenzeit schwärmte

Vergnügen zu erweisen und aus Interesse – ein wenig boshaft –. Wir wollen uns in München darüber zanken. Leb wohl.«

In jenen Jahren gab es keine Geheimnisse zwischen den Geschwistern, wie es auch nie Konkurrenzkämpfe oder Eifersucht gegeben hatte. Im Gegenteil. Seiner Schwester, »der Canaglie«, wie Wolfgang scherzhaft schreibt, schenkte er stets seine neuesten Klavierkompositionen und legte großen Wert auf ihr Urteil. Zahlreiche Werke zu vier Händen oder für zwei Klaviere hat er ausdrücklich für ihr gemeinsames Musizieren geschrieben. Im Laufe der Jahre war sie in Salzburg eine gesuchte Klavierlehrerin geworden. Daß der Spaß auch bei ihrem Briefwechsel nicht zu kurz kam, bekundet folgender Auftrag, den Wolfgang ihr ganz ernsthaft erteilte: »An die Jungfrau Mizerl bitte alles Erdenkliche, sie soll an meiner Liebe nicht zweifeln, sie ist mir beständig in ihrem reizenden Negligé vor Augen; ich habe viele hübsche Mädl hier gesehen, aber eine solche Schönheit habe ich nicht gefunden.« Die »Tanzmeister-Mizerl« war die Besitzerin des

Hauses, in dem die Mozarts wohnten und eine würdige Dame von 67 Jahren! Wolfgang spielte halt zu gerne den Hanswurst.

Die Einstudierung seiner Oper ging gut vonstatten, die Aufführung wurde ein Erfolg. »Gottlob!« schreibt er der Mutter, »meine opera ist gestern so gut ausgefallen, daß ich der Mama den Lärmen unmöglich beschreiben kann... Wie die Oper aus war, so ist unter der Zeit, wo man still ist, bis das Ballett anfängt, nichts als geklatscht und bravo geschrien worden. Bald aufgehört, wieder angefangen und so fort... Wegen unserer Rückreise wird es so bald nichts werden. Die Mama soll es auch nicht wünschen, denn die Mama weiß ja, wie wohl das Schnaufen tut.«

Als besonderen Triumph mag es Leopold Mozart empfunden haben, daß der Salzburger Erzbischof, der erst kurz nach der Premiere in München eintraf, noch Zeuge von Wolfgangs Erfolg wurde: »Stelle Dir vor, wie verlegen Seine Hochfürstliche Gnaden sein mußte, von aller Kurfürstlichen Herrschaft und dem ganzen Adel die Lobeserhebungen der opera anzuhören und die feierlichsten Glückwünsche, die sie alle ihm machten, anzunehmen. Er war so verlegen, daß er mit nichts, als einem Kopfneigen und Achsel in die Höhe ziehen antworten konnte.«

Prophetisch klingen die Worte, die der anwesende Dichter Christian Daniel Schubart in der ›Teutschen Chronik‹ 1775 veröffentlichte: »Eine opera buffa habe ich gehört von dem wunderbaren Genie Mozart... Wenn Mozart nicht eine im Gewächshaus getriebene Pflanze ist, so muß er einer der größten musikalischen Komponisten werden, die jemals gelebt haben.«

Der Münchner Erfolg wirkte sich nicht aus. Nach drei Aufführungen verschwand das Werk vom Spielplan. Und in Salzburg ging der Hofdienst weiter wie zuvor. Zunächst hatte Wolfgang zum offiziellen Besuch des Erzherzogs Maximilian, des jüngsten Sohnes von Maria Theresia, eine Festoper zu schreiben. ›Il Re pastore, der königliche Schäfer‹, war ein Text von Metastasio und schon mehrfach für ähnliche Gelegenheiten vertont worden. Hauptzweck einer solchen Aufführung war die Huldigung für den jeweiligen hohen Gast. Die nächste Zeit brachte Aufgaben gesellschaftlicher Art: So entstand zur Hochzeit der Tochter des Bürgermeisters Haffner die ›Haffner-Serenade‹. In ihr lebt der ganze Zauber einer Salzburger Sommernacht, sie wurde am Polterabend aufgeführt, und Wolfgang hat offensichtlich dabei das Violin-Solo gespielt. »Du weißt selbst nicht, wie gut Du Violin spielst«, schrieb ihm der Vater später einmal, »wenn Du nur Dir Ehre geben und mit Figur, Herzhaftigkeit und Geist spielen willst, ja so, als wärst Du der erste Violinspieler in Europa!«

Wolfgang wußte es sehr gut. Doch hatte er eine Abneigung gegen das Geigen, weil er in Salzburg von Amts wegen dazu verpflichtet war. Als ihm vor seiner Rückkehr aus Paris das Hoforganistenamt angetragen wurde, schrieb er dem Vater: »Nur eins bitte ich mir zu Salzburg aus, und das ist: daß ich nicht bei der Violin bin, wie ich sonst war – keinen Geiger gebe ich nicht mehr ab; beim Klavier will ich dirigieren, die Arien akkompagnieren.« Tatsächlich hat sich Mozart später nie mehr als Geiger hören lassen. Neben Serenaden und Klavierkonzerten entstand als eines der ausdrucksvollsten Werke dieser Zeit die dramatische Solo-Szene der ›Andromeda‹, die Wolfgang für Josefa Duschek komponierte. Sie war mit ihrem Gatten Dr. Franz Duschek aus Prag zu Verwandtenbesuch nach Salzburg gekommen; es bahnte sich eine Freundschaft zwischen Mozart und dem Ehepaar an, die für seine späteren Prager Aufenthalte große Bedeutung haben sollte.

Der Kreis um Wolfgang erweiterte sich. Er pflegte diese verschiedenartigen gesellschaftlichen Kontakte mit völliger Unbefangenheit. Der Erzbischof sah das nicht gern. Wolfgang war ein Untergebener und hatte es zu bleiben. Die Beziehung zu ihm, dessen Talent der Fürst sehr wohl erkannte, blieb kalt und gespannt. Der Vater sah die Gefahr, die dadurch drohte. Immer noch erträumte er für Wolfgang eine Kapellmeister- oder Kompositeur-Stellung an einem auswärtigen Hof. Dort saßen die Auftraggeber. Nach ihren Wünschen, ihrem Geschmack hatte sich der bedienstete Musiker zu richten. In dieser Zeit der Serenaden, der Bölzlschützenfreunde, der ersten Verliebtheit und der Geheimnisse mit der Schwester schrieb Wolfgang eines Tages an Padre Martini in Bologna. Sein Brief verrät, wie einsam er sich fühlte.

»Wir leben in dieser Welt, um immer vorwärts zu kommen, einander im Meinungsaustausch aufzuklären und wissenschaftlich wie künstlerisch zu fördern. Wie oft, ach, habe ich mir gewünscht, Ihnen näher zu sein, um mit Ihnen, hochwürdiger Vater, reden und mich aussprechen zu können. Ich lebe in einem Lande, wo die Musik ziemlich darniederliegt. Das heißt, abgesehen von den Meistern, die uns verlassen haben, verbleiben uns hier noch treffliche Künstler und vor allem Komponisten von gründlicher wissenschaftlicher Bildung und gutem Geschmack... Inzwischen beschäftige ich mich damit, Kammer- und Kirchenmusik zu schreiben...

Ja, verehrtester Vater, so ist es! Wie froh wäre ich, wenn ich Ihnen noch mehr von alledem erzählen dürfte!... Allezeit betrübt es mich, so weit entfernt zu sein von dem Menschen, den ich am meisten in der Welt liebe, hochschätze und verehre und dem ich immerdar bleibe der gehorsamste und untertänigste Diener Wolfgang Amadeus Mozart.«

Wolfgang begann in dieser Zeit jenen einsamen Weg anzutreten, den er bis zuletzt nicht mehr verlassen hat. Die Wunderkinder-Erfolge, das »viva il Maestrino«-Geschrei der italienischen Jahre waren verhallt. Sie hatten Gewißheiten vorgetäuscht, die nicht existierten. Je differenzierter, je persönlicher seine musikalische Sprache sich entwickelte, um so weniger Aussicht auf echtes Verständnis bestand. Man erwartete das Gewohnte in brillanterer Form, nichts Neues. Mozart musizierte in einen geisten Raum hinein, den es nicht gab – noch nicht gab.

Die Situation in Salzburg war inzwischen unhaltbar geworden. Es kam zu »niederträchtigen Begegnungen«; selbst Leopold Mozart spricht später in seinen Briefen von »Bedrückung, Verfolgung und Tyrannei«. Ein Urlaubsgesuch zu einer neuen Kunstreise für sich und den Sohn wurde unter fadenscheinigen Vorwänden abgelehnt. Dritten gegenüber erklärte der Erzbischof, daß er es nicht leiden könne, wenn man so »ins Betteln herumreise«. Schließlich bat Wolfgang förmlich um seine Entlassung. Sie wurde gewährt. Seine

Verabschiedung machte in Salzburg großes Aufsehen und wurde nicht nur vom engsten Freundeskreis bedauert. Graf von Firmian, Obersthofmeister und Wolfgangs Gönner, sagte dem Erzbischof, daß er einen großen Virtuosen und guten Komponisten verloren habe; der Erzbischof schwieg dazu.

Eine der schönsten Kompositionen, die Wolfgang kurz vor der Abreise schrieb, war das Graduale ›Sancta Maria‹, ein inniges Abschiedsgebet vor der Fahrt ins Ungewisse.

Leopold Mozart konnte seinen Sohn nicht begleiten, da ihm der Urlaub verweigert wurde. Um wenigstens die äußeren Reisebedingungen für den unerfahrenen, unpraktischen Wolfgang so günstig wie möglich zu gestalten, gab er ihm schweren Herzens die Mutter als Begleiterin mit. Sie war 57 Jahre alt, eine sanfte, liebenswürdige Frau, sehr gesellig und mit viel Sinn für Humor. Sie liebte Wolfgang über alles, besaß aber nicht den geringsten Einfluß auf seine Handlungen. Wie sollte sie auch? Sie hatte sich von früh an der Autorität ihres Mannes gebeugt.

Am 23. September 1777 rollte der Mozartsche Reisewagen mit Mutter und Sohn aus dem Salzburger Tor.

Die Fahrt ins Ungewisse

Während Nannerl nach der Abreise der beiden weinend ins Bett ging und der Vater den Tag in trostloser Stimmung verbrachte, fuhr Wolfgang strahlend vor Glück in die frühherbstliche Welt hinaus. Seine Dekreter – die wichtigen Diplome der italienischen Reisen – hatte er zwar zu Hause vergessen, aber ihm war »federleicht« zumute, seit Salzburg hinter ihm lag. Nie wieder wollte er dorthin zurückkehren, das schwor er sich. Nie! Aus Wasserburg schrieb er dem Vater: »Viviamo come i principi, uns geht nichts ab als der Papa. Je nu, Gott will's so haben. Es wird noch alles gut gehn. Ich hoffe, der

Papa wird wohlauf sein und so vergnügt wie ich. Ich gebe mich ganz gut drein. Ich bin der andere Papa, ich geb auf alles acht und habe mir auch gleich ausgebeten, die Postillone auszuzahlen, denn ich kann doch mit die Kerls besser sprechen als die Mama. Zu Wasserburg beim Stern ist man unvergleichlich bedienet. Ich sitze da wie ein Prinz ... Wir bitten alle zwei, der Papa möchte Achtung geben auf seine Gesundheit, nicht zu früh ausgehen, sich nicht selbst Verdruß machen, brav lachen und lustig sein und allzeit mit Freuden, wie wir gedenken, daß der Mufti H(ieronymus) C(olloredo) ein Schwanz, Gott aber mitleidig, barmherzig und liebreich sei. Ich küsse dem Papa zu 1000 mal die Hände, und umarme meine Schwester Canaglie ...«

In München stiegen sie beim »Gelehrten Wirt«, dem Kunstfreund Franz Albert, ab, der den renommierten Gasthof Zum schwarzen Adler führte. Wolfgang nahm durch den Fürstbischof Graf Zeill, der ihm wohlwollte, Kontakt zum Intendanten des Theaters auf. Schließlich wurde ihm ermöglicht, den Kurfürsten auf dem Weg zur Messe »in einem engen Zimmerl« zu begrüßen. Wolfgang beschreibt dem Vater die Begegnung: »Als der Kurfürst kam, so sagte ich:

Ew. Kurfürstliche Durchlaucht erlauben, daß ich mich unterthänigst zu Füßen legen und meine Dienste antragen darf.

Ja, völlig weg von Salzburg?

Völlig weg, ja, Ew. Durchlaucht.

Ja, warum denn? Habts eng z'kriegt?

Ey, beleibe, Euer Durchlaucht, ich habe nur um eine Reise gebeten, er hat sie mir abgeschlagen, mithin war ich gezwungen, diesen Schritt zu machen. Obwohl ich schon lange im Sinn hatte, wegzugehen. Denn Salzburg ist kein Ort für mich. Ich bin schon dreimal in Italien gewesen, habe 3 Opern geschrieben ... mein einziger Wunsch ist, Euer Kurfürstlichen Durchlaucht zu dienen, der selbst ein großer –

Ja, mein liebes Kind, es ist keine Vacatur da.

Dies sagte er gehend. Nun empfahl ich mich zu höchsten Gnaden.«

Zum Fürstbischof, der es Mozart weitergab, sagte der Kurfürst:

»Jetzt ist es noch zu früh. Er soll gehen, nach Italien reisen, sich berühmt machen – jetzt ist es noch zu früh.« Wolfgang stellte niedergeschlagen fest: »Da haben wirs. Die meisten großen Herrn haben einen so entsetzlichen Welschland-Paroxysmus.«

Drei Wochen hielten sich Mutter und Sohn in München auf, ohne etwas zu erreichen. Der »gelehrte Herr Albert« wollte versuchen, zehn Musikliebhaber zu finden, die sich verpflichteten, Wolfgang monatlich je einen Dukaten zu spenden; dazu kämen dann sicherlich noch Aufträge vom Hof... Der Vater schrieb sarkastisch: Lobsprüche und Bravissimi könnten weder Postmeister noch Wirte zahlen.

So reisten beide weiter nach Augsburg, Leopold Mozarts Geburtsstadt. Sein Vater war hier Buchbinder gewesen, zwei Brüder führten das Gewerbe weiter. Sein Lebensstil hatte sich von dem ihren inzwischen weit entfernt. Wolfgang lernte die beengte, bequeme Bürgerlichkeit nun an Ort und Stelle kennen und machte sich in seinen Briefen darüber lustig.

Das wichtigste Ereignis in Augsburg blieb der Besuch bei Johann Andreas Stein, dem damals berühmten Orgel- und Klavierbauer. Wolfgang begeisterte sich für dessen moderne Instrumente, die man »Piano forte« oder »forte piano« nannte und deren Hammermechanismus er dem Vater genau beschrieb. In verschiedenen Kirchen spielte er Stein'sche Orgeln und erregte vor allem mit seinem Improvisieren über gegebene Themen höchste Bewunderung. Geld oder feste Aufträge waren hier aber ebenso wenig zu erwarten wie in München. Wenn nicht »ein so liebs Bäsle da wäre, so reuete es mich so viel als ich Haare auf dem Kopf habe, daß ich nach Augsburg bin ... den 17ten in der Frühe schreibe und beteure ich, daß unser Bäsle schön, vernünftig, lieb, geschickt und lustig ist; das macht, weil sie brav unter die Leute gekommen ist, sie war auch einige Zeit in München. Das ist wahr, wir zwei taugen recht zusammen, denn sie ist auch ein bißchen schlimm; wir foppen die Leute miteinander, daß es lustig ist...«

Es war eine richtige Liebelei, von Wolfgangs Seite vergnügt und harmlos, während Maria Anna Thekla wohl ernstere Hoffnungen an die Begegnung knüpfte. Die derben und zum Teil schlüpfrigen

Derbe Späße trieb Wolfgang 1777 mit dem Augsburger »Bäsle«

Briefe, die zwischen den jungen Leuten gewechselt wurden, entsprachen der realistischen Ausdrucksweise der Zeit; Worte, die man später verpönte, wie »scheißen« und »Arsch« waren damals nicht nur in Bürgerhäusern gang und gäbe.

Während Mutter und Sohn sich nun, mit einigen zeitraubenden Zwischenstationen, nach Mannheim begaben, versuchte der sorgenvolle Vater von Salzburg aus, mit Ratschlägen und Mahnungen einzugreifen. So schreibt er Wolfgang nach Mannheim:

»Wo etwa ein Konzert aufzuführen wäre, das ist so zu tun: Man fragt den Wirt (eines unbekannten Ortes) um den Kapellmeister, Musikdirektor des Ortes; oder da kein solcher da ist, um den berühmtesten Tonkünstler. Man läßt sich zu ihm führen, oder nach den Umständen seines Ranges, ihn zu sich bitten, und spricht mit ihm; so weiß man gleich, ob die Kösten des Konzertes groß sind, ob man einen guten Flügel bekommen kann – ob man ein Orchester bekommen kann, ob Liebhaber da sind – man wird vielleicht alsogleich zu jemand geführt, der aus Liebhaberei die Sache betreibt und sich annimmt: kurz, man findet geschwind die Wahrheit, ob was zu tun ist oder nicht – und dies in Reisekleidern, ohne etwas abzupacken; nur ein paar schöne Ringe angesteckt, das ist alles, wenn man etwa beim Besuche einen Flügel antreffen sollte und spielen wollte...«

Wolfgang hat nirgends diese mühsamen Wege beschritten. Er war nicht nur dem Salzburger Regiment, er war auch der väterlichen Aufsicht entwachsen. Optimistisch, fröhlich und arglos lief er jeder Aussicht nach, die irgendein unverbindliches Wort ihm eröffnete, wurde enttäuscht und vertraute im nächsten Augenblick genauso unbeschwert einer neuen vagen Versprechung. Denn in Mannheim wiederholten sich die Münchner Erlebnisse: Es war keine Vacatur da, man brauchte ihn nicht, freute sich lediglich, daß ein so kenntnisreicher Musiker den vielseitig interessierten Hof des Kurfürsten Carl Theodor bereicherte. Wieder gab es Lobsprüche und bravissimi, »mit denen man weder Postmeister noch Wirte zahlen konnte«. Nur eines war hier anders, war neu für Wolfgang: Er kam in einen Kreis hochbegabter Musiker des einzigartigen Mannheimer Orchesters. Man erkannte seine Begabung, bewunderte seine Einfälle, sein geniales Improvisieren. Die Mutter berichtete stolz nach Salzburg:

»Der Wolfgang wird überall hochgeschätzt; er spielet aber viel anderst als zu Salzburg, denn hier sind überall Pianoforte, und diese kann er so unvergleichlich traktieren, daß man es noch niemals gehört hat; mit einem Wort, jedermann sagt, der ihn hört, daß seinesgleichen nicht zu finden sei.«

Auch gab es hier mehr deutsche als italienische Musiker, ganz im Gegensatz zu Salzburg und den meisten süddeutschen Höfen. An der Spitze des berühmten Orchesters stand Christian Cannabich, mit dem sich Wolfgang anfreundete. Die Oper leitete Ignaz Holzbauer, die Kirchenmusik der Abbé Vogler. Dessen Protektion wäre für

Wolfgang sehr wichtig gewesen, doch brachte er es nicht fertig, das schlechte Klavierspiel des Herrn Abbé zu loben, der ein Klavierkonzert von Mozart »vor Tische herabhudelte«. Sarkastisch beschreibt er dem Vater, daß er den Baß meistens anders spielte, als er stand, und bisweilen auch eine ganz andere Harmonie und Melodie machte. »Es ist auch nicht anders möglich in der Geschwindigkeit; die Augen können es nicht sehen und die Hände nicht greifen. Die Zuhörer, ... können nichts sagen, als daß sie Musik und Klavierspielen – gesehen haben ... Übrigens ist es auch viel leichter, eine Sache geschwind, als langsam zu spielen; man kann in Passagen etliche Noten im Stiche lassen, ohne daß es Jemand merkt; ist es aber schön? – Man kann in der Geschwindigkeit mit der rechten und linken Hand verändern, ohne daß es Jemand sieht und hört; ist es aber schön? ... Und in was besteht die Kunst, prima vista zu lesen? In diesem: Das Stück im rechten Tempo, wie es sein soll, zu spielen, alle Noten, Vorschläge etc. mit der gehörigen Expression und Gusto, wie es steht, auszudrücken, so daß man glaubt, derjenige hätte es selbst komponiert, der spielt.« Genauere Angaben über die Wiedergabe seiner Klavierwerke hat Mozart nirgends gemacht.

In der Mannheimer Oper begannen sich damals schon deutsche Werke durchzusetzen; so ›Günther von Schwarzburg‹ mit Musik von Holzbauer und Schweitzers ›Rosamunde‹, deren Text von Wieland stammte. Wolfgang schildert den berühmten Dichter folgendermaßen:

»Er kommt mir im Reden ein wenig gezwungen vor. Eine ziemlich kindische Stimme, ein beständiges Gläselgucken, eine gewisse gelehrte Grobheit, und doch zuweilen eine dumme Herablassung. Mich wundert aber nicht, daß er sich hier so zu betragen geruhet, denn die Leute sehen ihn hier an, als wenn er vom Himmel herabgefahren wäre. Man geniert sich ordentlich wegen ihm, man ist still; man gibt auf jedes Wort acht, was er spricht ... er hat einen Defekt in der Zunge, vermöge dessen er ganz sacht redet und nicht sechs Worte sagen kann, ohne einzuhalten. Sonst ist er wie wir ihn alle kennen, ein vortrefflicher Kopf.«

Die Aufführung der ›Rosamunde‹ nennt er »gut, sonst aber

nichts«. Sie erweckt in ihm erneut die Sehnsucht, selber eine Oper zu schreiben. »Ich bin einem jeden neidig, der eine schreibt; ich möchte ordentlich vor Verdruß weinen, wenn ich eine Arie höre oder sehe...« Aber eine Oper hieß Auftrag, mußte fest vereinbart, mußte honoriert werden, und während Wolfgang noch immer vergeblich darauf hoffte, starb der bayrische Kurfürst in München, und Karl Theodor von der Pfalz fiel die Erbfolge zu. Er siedelte sehr bald nach München über, und jede Hoffnung auf eine Mannheimer Anstellung wurde damit zunichte. Auch sprach um diese Zeit alle Welt voller Sorge von der Möglichkeit eines Krieges zwischen Bayern und Österreich.

Doch während die äußere Situation unsicherer denn je ist, während das vom Vater mühsam ersparte Geld Mutter und Sohn durch die Hände gleitet – Mannheim war kostspielig, eine Fremdenstadt, die Pariser Sitten nachahmte –, währenddessen ist Wolfgang glücklich. Nicht nur, weil das Mannheimer Orchester ihm faszinierende neue Möglichkeiten offenbart, weil hervorragende Musiker seine Freunde werden. Er hat durch sie die »Weberischen« kennengelernt, eine Künstlerfamilie von zweifelhaftem Ruf: der Vater ein schlechtbezahlter Souffleur und Notenkopist des Theaters, seine Frau eine hysterische, schlampige Person, dazu fünf unversorgte Töchter. Doch Wolfgang ist wie mit Blindheit geschlagen, er sieht nur die fünfzehnjährige Aloysia, »die vortrefflich singt und eine schöne reine Stimme hat; es geht ihr nichts als die Aktion ab, dann kann sie auf jedem Theater die Primadonna machen«.

Er treibt mit ihr Gesangsstudien, schreibt die Arie »Non si d'onde« für sie, ein leidenschaftliches Bekenntnis von Liebe und Mitleid. Er glaubt sich wiedergeliebt, ein Rausch erfaßt ihn, wie er ihn noch nicht kannte, und während der Vater ihn längst auf der Fahrt nach Paris glaubt, schmiedet er mit den »Weberischen« abenteuerliche Pläne. Sie werden zusammen auf eine Konzertreise gehen, er wird »der armen bedrückten Familie« helfen, Aloysia in Italien an die Oper zu bringen, wird selber dort eine neue komponieren ... Der Vater liest diese wilden Spekulationen »mit Verwunderung und Schröcken«. Er hat bereits über 700 Gulden durch Wolfgangs Reise

Aloysia Weber, Wolfgangs große Liebe

zugesetzt, von Einnahmen, festen Aufträgen oder regelmäßigen Unterrichtsstunden erfährt er nichts. Im Gegenteil! Wolfgang schreibt treuherzig:

»Aus Gefälligkeit will ich gern Lektionen geben, besonders, wenn ich sehe, daß eins Genie, Freude und Lust zum Lernen hat. Aber zu einer bestimmten Stunde in ein Haus gehen zu müssen oder zuhaus auf einen warten müssen: das kann ich nicht, und sollte es mir noch so viel eintragen. Das ist mir unmöglich. Das überlasse ich Leuten, die selbst nichts können als Klavierspielen. Ich bin ein Komponist und bin zum Kapellmeister geboren.« Ein ganz neues Selbstbewußtsein ist in ihm erwacht. Immerhin begreift er nach sechs Wochen Gasthofaufenthalt, daß es so nicht weitergehen kann; Mutter und Sohn haben für ein schlechtes Zimmer, Feuer und Licht bereits 30 Gulden ausgegeben. Glücklicherweise bietet ihnen der Hofkammerrat Serrarius »ein schönes gutes warmes Zimmer mit aller Bedienung« an; Wolfgang wird dafür die Tochter umsonst unterrichten. Die Mutter kann mit der Familie, Wolfgang bei den verschiedenen Freunden speisen. »Mein Sohn wird so von ihnen geschätzt, daß es nicht zu sagen ist«, schreibt sie stolz nach Salzburg. Aber ihr echt Salzburgischer Realismus sieht auch bereits deutlich, was sich bei den »Weberischen« anspinnt. In einer heimlichen Nachschrift zu dem verstiegenen Brief des Sohnes heißt es: »Mein lieber Mann, aus diesem Brief wirst Du ersehen haben, daß wann der Wolfgang eine neue Bekanntschaft machet, er gleich Gut und Blut für solche Leute geben wollte ...«

Leopold Mozart ist verzweifelt. »Mein Sohn, in all Deinen Sachen bist Du hitzig und jäh. Du hast im Vergleich zu Deiner Kindheit und Deinen Knabenjahren Deinen ganzen Charakter geändert.« Er wird energisch, fordert: »Fort mit Dir nach Paris, und das bald! Setze Dich großen Leuten an die Seite! Aut Caesar aut nihil! Der einzige Gedanke, Paris zu sehen, hätte Dich vor allen fliegenden Einfällen bewahren sollen ... Mache Dir Ruhm und Geld in Paris! Dann kannst Du, wenn Du Geld hast, nach Italien gehen und allda Opern zu schreiben bekommen ... Dann kannst Du auch die Mademoiselle Weber vorschlagen ...«

Am 14. März 1778 verließen Mutter und Sohn Mannheim. Die Salzburger Chaise war an den Hauderer verkauft worden, der sie nach Paris brachte; er rechnete ihnen für den Wagen 40 Gulden an und verlangte 11 Louisdor für die Reise. Sie dauerte neuneinhalb Tage. In Paris aber war, wie die Mutter berichtet, alles um die Hälfte teurer als vor zwölf Jahren. Sie saß den ganzen Tag im Gasthof Quatre fils Aymon, in einem kleinen dunklen Zimmer, »wie in Arrest – die Stiegen ist so eng, daß es unmöglich wäre, ein Klavier heraufzubringen«. Wolfgang nahm daher das Angebot des M. Le Gros an, in seiner Wohnung zu arbeiten. Le Gros war Directeur der ›Concerts spirituels‹, hatte Wolfgang um einige Chöre ersucht und ihm auch einen Operntext in Aussicht gestellt. Da der mißtrauische Vater ihm eingeschärft hatte, nirgends mit berühmten Komponisten Umgang zu pflegen, sich vor allem von ihren Streitigkeiten zurückzuhalten, blieben seine Begegnungen mit Gossec und Piccini nur oberflächlich. Die musikalische Auseinandersetzung zwischen Piccini und Gluck, der Kampf der Opera buffa mit dem neuen tragischen Musikdrama, der die musikalische Welt in höchste Aufregung versetzte, ließ Wolfgang fast unberührt. Er schrieb eine Sinfonie, die in den ›Concerts spirituels‹ erfolgreich aufgeführt wurde, beschreibt das Konzert dem Vater und schließt: »Ich ging also gleich vor Freude nach der Sinfonie ins Palais Royal – nahm ein guts Gefrorenes – betete den Rosenkranz, den ich versprochen hatte – und ging nachhaus.«

Die Beziehung zu M. Grimm, von der Leopold sich so viel versprochen hatte, entwickelte sich unerfreulich. Er wollte Erfolge sehen, wollte, daß seine Protégés aktiv waren, sich selber durchsetzten. Der schmächtige blasse Wolfgang Amadé mit dem etwas zu großen Kopf und den kurzsichtigen blauen Augen, ewig verträumt und halb abwesend, war kein Typ, von dem er sich viel versprach. Er hielt ihn für begabt, nicht mehr. Seine Genialität erkannte er nicht. An den Vater schrieb er: »Er ist zu treuherzig, wenig tatkräftig, allzu leicht zu täuschen, unbewandert in den Mitteln, die zum Erfolg führen könnten. Um hier durchzudringen muß man schlau sein, unternehmungslustig, wagemutig. Ich wünschte ihm für sein Schicksal halb soviel Talent, aber dafür doppelt soviel Gewandtheit... Es gibt hier nur zwei Wege für ihn... Der erste heißt: Klavierstunden geben. Abgesehen davon, daß man sehr geschäftig, ja geradezu ein Scharlatan sein muß, um Schüler zu bekommen, weiß ich nicht, ob er gesund genug ist, diesen Beruf auszuhalten, denn es ist sehr ermüdend, von einem Ende zum anderen in Paris zu laufen und sich dabei in einem fort in Szene zu setzen. Und dann wird ihm dieser Beruf nicht gefallen, weil er ihn am Komponieren hindert, was er über alles liebt.. aber hierzulande verstehen die meisten nichts von Musik. Man gibt infolgedessen alles auf berühmte Namen, und der wirkliche Wert eines Werkes wird nur von einer kleinen Anzahl erfaßt.«

Das Urteil ist kühl, – aber erstaunlich richtig. Alle Hoffnungen, die Wolfgang sich gemacht hatte, erwiesen sich sehr bald als Illusionen. Weder die Organistenstelle in Versailles noch der Opernauftrag des Monsieur Le Gros wurde Wirklichkeit. Außer der Sinfonie und einer Ballettmusik zu ›Les petits riens‹ entstanden Klavierwerke und das Konzert für Flöte und Harfe. Auch einige seiner schönsten Sonaten, darunter die e-moll-Sonate für Klavier und Violine und die Klaviersonate a-moll. Große Stücke, in die etwas vom Hintergrund dieser Zeit eingegangen scheint. Über das Persönliche hinaus wurde der Pariser Aufenthalt schicksalhaft für den jungen Komponisten. Zu Modellen des österreichischen, deutschen, italienischen Stils gesellten sich französische Elemente: Witz, Esprit, Eleganz. Wolfgang hat es damals kaum bewußt empfunden. Etwas in ihm nahm das Fremde auf, eignete es sich an: der europäische Mozart.

Das Schwerste stand ihm noch bevor, der Tod der Mutter. Sie hatte schon lange gekränkelt und herumgedoktert. Dann ging es plötzlich sehr schnell. Wolfgang war »als ob er gar keinen Kopf hätte«. In seiner Not teilte er dem Freund Bullinger in Salzburg ihren Tod mit.

3. Juli 1778

Allerbester Freund!
Für Sie ganz allein.
Trauern Sie mit mir, mein Freund! Dies war der traurigste Tag in meinem Leben – dies schreibe ich um 2 Uhr nachts. Ich muß es Ihnen doch sagen, meine Mutter, meine liebe Mutter ist nicht mehr! Gott hat sie zu sich gerufen, er wollte sie haben, das sah ich klar – mithin habe ich mich in Willen Gottes gegeben. Er hatte sie mir gegeben, er konnte sie mir auch nehmen. Stellen Sie sich nur alle meine Unruhe, Ängsten und Sorgen vor, die ich diese 14 Tage ausgestanden habe. Sie starb, ohne daß sie etwas von sich wußte, löschte aus wie ein Licht. Sie hat drei Tage vorher gebeichtet, ist kommunizieret worden und hat die heilige Ölung bekommen ... Es war niemand dabei als ich, ein guter Freund von uns, Herr Heina, und die Wächterin. Die ganze Krankheit kann ich Ihnen heute unmöglich schreiben; ich bin der Meinung, daß sie hat sterben müssen, Gott hat es so haben wollen. Ich bitte Sie unterdessen um nichts, als um das Freundesstück, daß Sie meinen armen Vater ganz sachte zu dieser traurigen Nachricht bereiten ... Gott gebe ihm Stärke und Mut. Mein Freund!

Ich bin nicht itzt, sondern schon lange her getröstet! ... Wie es so gefährlich wurde, so bat ich Gott nur um zwei Dinge, nämlich um eine glückliche Sterbestunde für meine Mutter und dann für mich um Stärke und Mut – und der gütige Gott hat mich erhört und mir die zwei Gnaden im größten Maße verliehen. Ich bitte Sie also, bester Freund, erhalten Sie mir meinen Vater, sprechen Sie ihm Mut zu, daß er es sich nicht gar zu schwer und hart nimmt, wenn er das Ärgste erst hören wird. Meine Schwester empfehle ich Ihnen auch von ganzem Herzen – gehen Sie doch gleich hinaus zu ihnen, ich bitte Sie – sagen Sie ihnen noch nichts daß sie tot ist, sondern preparieren Sie sie nur so dazu – tun Sie was Sie wollen, – wenden Sie alles an – machen Sie nur daß ich ruhig sein kann – und daß ich nicht etwa ein anderes Unglück noch zu erwarten habe. – Erhalten Sie mir meinen lieben Vater, und meine liebe Schwester, geben Sie mir gleich Antwort ich bitte Sie. – Adieu, ich bin dero gehorsamster dankbarster Diener

Nach dem Tode der Mutter nahm Monsieur Grimm den verstörten jungen Menschen bei sich auf. Seine kühle, wohl auch überhebliche Art empörte Wolfgang, es kam bald zu unerquicklichen Auseinandersetzungen, in denen Grimm taktlos auf einige materielle Hilfen hinwies, die er Wolfgang hatte zuteil werden lassen. Schließlich befahl er ihm kurzerhand, abzureisen. Und Wolfgang, dem man in Salzburg »das Widersprechen abgewöhnt hatte«, gehorchte. Ohne die in Paris gestochenen neuen Violinsonaten fertig mitnehmen zu können, fuhr er in schlechten Postkutschen über Nancy und Straßburg nach Mannheim. Hier blieb er zunächst. Die »Weberischen«

waren längst am neuen kurfürstlichen Hof in München angestellt, und es ging ihnen gut. Auch Aloysia war dort. Aber Wolfgang wollte den Ort wiedersehen, an dem er so glücklich, so voller Hoffnungen gewesen war.

Der Vater hatte inzwischen begonnen, im geheimen neue Salzburger Fäden zu spinnen. Die Hoforganistenstelle war unbesetzt; der Domherr legte Wert darauf, daß Wolfgang sie übernahm. Der Vater beschwor, mahnte, erinnerte den Sohn an all die Geldopfer, die er für seine Reise gebracht hatte. Doch immer noch zögerte Wolfgang. Er wolle der Kurfürstin in München die neuen Sonaten überreichen, schrieb er dem ungeduldigen Vater. Vor allem wollte er Aloysia wiedersehen. »Das größte Glück, der tiefste Frieden wird mir zuteil werden an dem Tage, da ich die große Freude erlebe, Sie wiederzusehen und Sie von ganzem Herzen zu umarmen«, hatte er in einem überschwenglichen Brief aus Paris geschrieben. So stieg er gleich nach der Ankunft in München bei den »Weberischen« ab.

Der Geliebten brachte er eine neue Arie mit und erwartete von ihr die gleiche Wiedersehensfreude, die er selber empfand. Sie hatte inzwischen Karriere gemacht, war Mitglied der Münchener Hofoper geworden. Den jungen Musiker, der keine sichtbaren Erfolge aufzuweisen hatte, behandelte sie kühl und spöttisch. Es war für Wolfgang die größte Erschütterung seines bisherigen Lebens. War er nicht immer geliebt worden von früh an? War er nicht »der berühmte Knab« gewesen, dem man überall applaudierte?

Er wohnte bei dem Flötisten Becke, und dort weinte er sich aus, derart, daß Becke einen vorsichtig vermittelnden Brief an den Vater schrieb. Doch dieser bestand auf Wolfgangs schleunigster Rückkehr: damit er durch erneuten Dienst beim Fürsterzbischof die Schulden abzahlen half, die Leopold Mozart seinetwegen auf sich genommen hatte. Sie waren auf 863 Gulden angewachsen. Alle lustigen Träume solle er endlich beiseite setzen.

Am Silvesterabend antwortete Wolfgang, als wüßte er nicht, was der Vater damit meinte: »Was will denn dies sagen, lustige Träume? Über das Träumen halt ich mich nicht auf, denn da ist kein Sterblicher auf dem ganzen Erdboden, der nicht manchmal träumt! Allein, lustige Träume! – ruhige Träume, erquickende, süße Träume! – das ist es; – Träume, die, wenn sie wirklich wären, mein mehr trauriges als lustiges Leben leidlich machen würden.« Er zögerte noch immer. Ihn grauste vor Salzburg. Schließlich mußte das Augsburger Bäsle, an das er inzwischen wenig gedacht, ihn auf der schmerzlichen Rückfahrt begleiten. Es spricht für ihre Treue, daß sie es tat – freundschaftlich, ohne heimliche Hoffnung. In Salzburg wurde er aufs herzlichste empfangen. Das alte Klavichord war hergerichtet, ein schöner neuer »Legeschrank« für seine Kleider angeschafft, sein Leibgericht, Kapaun, von der Köchin Thereserl vorbereitet worden. Graf von Firmian ließ ihm seine Pferde zum Reiten antragen, die alten Freunde freuten sich, daß er wieder da war, am meisten aber Nannerl. Nur das Verhältnis zum Vater war empfindlich gestört. Zuviel Gegensätzliches war in den Briefen zum Austrag gekommen, die sie gewechselt hatten. Es ließ sich nicht ausradieren. Es ließ sich nicht vergessen. Für Wolfgang nicht.

Auch hatten ihn die Erfahrungen der letzten Zeit gewandelt. Aloysia war treulos, kalt und berechnend gewesen, er hatte es zu spät begriffen – wie so häufig, wenn es um Realitäten, um sein äußeres Leben ging. Er hatte eine Illusion geliebt, das traf ihn schwer. Aber er war nicht daran zerbrochen. Nur war der Mozart nach der Pariser Reise ein anderer als zuvor.

Die »Weberischen« siedelten bald danach von München nach Wien über. Aloysia war an das Teutsche National-Theater engagiert worden. Sie heiratete 1780 den Hofschauspieler Lange. Der Vater Weber war gestorben. Cäcilie Weber, seine Witwe, wohnte mit drei noch unverheirateten Töchtern im »Auge Gottes« am Petersplatz. Sie vermietete Zimmer, um die Schuldenlast abzutragen, die ihr Mann hinterlassen hatte. Es schien, als sei die Beziehung zwischen Wolfgang und dieser Familie für immer abgeschlossen.

Die letzte Salzburger Zeit, in der Wolfgang widerwillig seinen Dienst versah, einige Auftragsarbeiten und die ›Krönungsmesse‹ schrieb, wurde durch eine Begegnung belebt, die ihm das Theater wieder näher rückte. Emanuel Schikaneder trat mit seiner erfolgreichen Truppe im Salzburger Impresario-Theater am Mirabellgarten auf, also in nächster Nähe der Mozartschen Wohnung. Nannerl vergnügte sich zuweilen damit, durch ein »Perspektiv« die zur Aufführung strömenden Besucher zu beobachten. Auch wurde kaum eine Vorstellung versäumt; Schikaneder gewährte der Familie Mozart täglich freien Eintritt für drei Personen. Wolfgang fühlte sich im Theater bald zu Hause und lernte die Praxis von Grund aus kennen. Viele wichtige dramatische Werke wurden ihm dadurch bekannt; Werke von Shakespeare, Lessing, Beaumarchais, Iffland, Leisewitz, Gotter u. a. Er schrieb für eines der von Schikaneder inszenierten Stücke eine Arie, holte frühere, noch unvollendete dramatische Arbeiten wieder hervor. »Ich bin einem jeden neidig, der eine Oper schreibt«, hatte er von Mannheim aus geschrieben, »aber italienisch, nicht teutsch, eine seria, nicht buffa!«

Dieser Wunsch, der immer in ihm lebendig geblieben war, sollte jetzt Erfüllung finden. Im Herbst 1780 erhielt er den Auftrag des Bayerischen Kurfürsten, für den Münchner Karneval eine Oper zu komponieren. Wie stets hatte der Komponist rechtzeitig an Ort und Stelle zu sein, um die Arien und weitere Teile der Musik genau auf das Ensemble abzustimmen. Der Erzbischof gewährte Wolfgang den notwendigen Urlaub aus Rücksicht auf den ihm befreundeten Kurfürsten. Als Stoff der Oper war ›Idomeneo‹ vorgesehen, eine Fabel aus dem griechischen Mythos. Der Salzburger Hofkaplan Varesco sollte den Text gestalten.

Anfang November konnte Mozart zu seiner Freude den verhaßten Salzburger Dienst verlassen. Er fuhr mit einer Postkutsche, die offenbar sehr schlecht gefedert war, nach München. »Von Wasserburg aus glaubte ich in der Tat meinen Hintern nicht ganz nach München bringen zu können«, berichtet er drastisch. Dann begannen die Besprechungen mit dem Intendanten, dem Münchener Bühnendekorateur Quaglio, die Proben mit den Musikern des vorzüglichen Orchesters, die ihm zum großen Teil von Mannheim her bekannt waren, mit den Solisten, dem Chor. Er war in seinem Element.

Die Briefe, die er mit dem Vater wechselt, geben ein genaues Bild seiner dramatischen Vorstellungen und zeigen einen ganz anderen Mozart, als den unsicher schwankenden der Mannheimer Reise. Jetzt schreibt ein souveräner, seiner Fähigkeiten bewußter Künstler, der »in größter Eile« mitteilt, daß er zum Grafen Seeau gebeten ist, dem Intendanten des Theaters, um dort mit Cannabich, Quaglio und dem Ballettmeister zu speisen »und das Nötigste wegen der opera zu verabreden«. Seine ganze Leidenschaft für dramatische Musik, seine sichere Kenntnis ihrer Möglichkeiten, auch derjenigen, die sich ihm inzwischen durch Glucks Reformgedanken erschlossen haben, sucht er in dieser neuen Oper anzuwenden. Er versteht es, sich gegenüber den anspruchsvollen Sängern durchzusetzen, ist diplomatisch, wenn es die Klugheit gebietet, unerbittlich, wo es sein Werk erfordert. Er überblickt alles, findet Mittel und Wege, kritische Stellen des Textes selbständig abzuändern. Er ist seiner Sache ganz sicher. Und er ist glücklich.

An seinem 25. Geburtstag fand die Hauptprobe statt, die Premiere im schönen Cuvilliés-Theater am 29. Januar 1781. Vater, Schwester und zahlreiche Salzburger und Münchener Freunde wohnten ihr bei. Von den Kennern, den Musikern und der Hofgesellschaft wurde das Werk bewundernd aufgenommen, der Flötist Becke spricht von »der schönsten Musik« und daß alles so neu und fremd sei. Doch gerade das mag dem weiteren Erfolg entgegengestanden haben. Die Fülle und Biegsamkeit der Musik entsprachen nicht der starren Formsprache des barocken Seria-Textes. Ein Kenner, Alfred Heuss, hat den Nachweis erbracht, daß spätere Opern von Mozart, vor allem ›Don Giovanni‹ und die ›Zauberflöte‹, zum großen Teil aus motivischem Grundmaterial des ›Idomeneo‹ gespeist wurden. So kommt diesem Werk, an dem Mozart sein Leben lang besonders hing, tiefere Bedeutung für sein gesamtes späteres Schaffen zu. –

Zunächst schwamm er auf der Woge allgemeiner Anerkennung. Er genoß den Münchener Karneval, schrieb eine Bläser-Serenade, das Oboenquartett, ein Kyrie. Längst war der Salzburger Urlaub weit überschritten. Aber: »Mir wird, bei meiner Ehre, nicht Salzburg, sondern der Fürst, die stolze Noblesse, unerträglicher.« Der

Wolfgang Amadé Mozart, Ausschnitt aus dem Familienporträt von 1781

Erzbischof war nach Maria Theresias Tod im November 1780 nach Wien gereist, um dem neuen Oberhaupt seine Reverenz zu erweisen. Hofbeamte und Mitglieder der Kapelle waren mitgefahren. Einige Wochen noch, dann mußte Wolfgang seinen heimlichen Traum begraben, vielleicht doch noch in München angestellt zu werden. Der Befehl des Erzbischofs, unverzüglich nach Wien zu kommen, erreichte ihn Anfang März 1781.

Empörung

Am 16. März traf Wolfgang in Wien ein. »Es scheint, als wenn mich das Glück hier empfangen wollte. Mir ist, als wenn ich hier bleiben müßte.« Es war das aufgeklärte, das Josephinische Wien. 200000 Einwohner lebten in der ausgedehnten Stadt mit ihren schönen alten Kirchen, verwinkelten Gassen und Gäßchen, neuen Gebäuden von barocker Großartigkeit, ständig wachsenden Vorstädten, gepflegten Parks und zahllosen Vergnügungsetablissements und Theatern. Zensur und Leibeigenschaft waren aufgehoben, Scharen von Reisenden aus ganz Europa gaben der Stadt ihr internationales Gepräge; Joseph II. wollte sie zu einem Mittelpunkt deutscher Bildung machen. Das war ein neuer Gedanke. An den Salzburger Erzbischof hat er im Februar 1781 Worte gerichtet, die wie ein Programm seiner Herrschaft anmuten: »Ein Reich, das ich regiere, muß nach meinen Grundsätzen beherrscht, Vorurteil, Fanatismus, Parteilichkeit und Sklaverei des Geistes unterdrückt und jeder meiner Untertanen in den Genuß seiner angeborenen Freiheiten eingesetzt werden.«

Der Erzbischof Colloredo galt zwar als Befürworter der Aufklärung; von »angeborenen Freiheiten« seiner Untertanen hielt er jedoch nicht viel.

Mozart hatte sich bei ihm im Deutschen Haus gemeldet und ein

»charmantes Zimmer« in seiner Nähe bekommen. Sein Dienst vollzog sich strenger als in Salzburg; so hatte er sich jeden Morgen mit den Kammerdienern in der Anticamera zu melden; es wurde übel vermerkt, daß er es nicht tat. Seine Mahlzeiten mußte er an der Tafel der Dienerschaft einnehmen. Er beschreibt es dem Vater: »Die beiden Herrn Leibkammerdiener sitzen obenan. Ich habe doch wenigstens die Ehre, vor den Köchen zu sitzen. Nun, ich denke halt, ich bin in Salzburg. Bei Tische werden einfältige grobe Späße gemacht. Mit mir macht keiner welche, weil ich kein Wort rede, und wenn ich was reden muß, so ist es allzeit mit der größten Seriosität. So wie ich abgespeist habe, so gehe ich meines Weges.« Der Erzbischof wollte an dem ungebärdigen jungen Musiker offenbar ein Exempel statuieren. Wolfgang aber war fest entschlossen, seine Freiheit nicht mehr einschränken zu lassen. Es mußte zur Katastrophe kommen.

Soweit es seine Zeit erlaubte, suchte er Gönner und Freunde auf, zum Beispiel die Gräfin Thun, »die charmanteste, liebste Dame, die ich in meinem Leben gesehn«. Ihr Haus war ein Sammelplatz der gebildeten Wiener Kreise. Oft fand sich auch der Kaiser unangemeldet bei ihr ein. Sie spielte ausgezeichnet Klavier und interessierte sich ernsthaft für Mozarts Kompositionen. Er hat ihr große Teile seiner ›Entführung‹ während der Entstehungszeit vorgespielt. Die Angehörigen des Arztes und Magnetiseurs Dr. Mesmer, für den er als Zwölfjähriger ›Bastien und Bastienne‹ komponiert hatte, luden ihn in ihren schönen Besitz an der Landstraße ein, beim Grafen Cobenzl war er zu Gast. Der Hofkapellmeister Bonno spielte eine seiner Sinfonien mit dem Opernorchester: »40 Violin haben gespielt – die Blasinstrumente alle doppelt ...«

Eigene Konzerte durften Mitglieder der Salzburger Hofkapelle nur mit Erlaubnis des Erzbischofs geben. Wolfgang wurde sie meistens verweigert. Selbst die Mitwirkung bei einem Wohltätigkeitskonzert der Wiener Künstlersocietät gestattete der Fürst ihm erst, nachdem verschiedene seiner adeligen Gönner sich dafür eingesetzt hatten. Der Erfolg war ungeheuer, des Applaudierens kein Ende. »Nur muß ich noch sagen, das, was mich am meisten gefreut und verwundert hat, war – das erstaunliche Silentium – und mitten im Spielen das bravo schreien – für Wien, wo so viele und gute Klavierspieler sind, ist das gewiß Ehre genug.«

Der Erzbischof, der auf seine Musiker stolz war, ließ sie verschiedentlich in befreundeten adeligen Häusern zum Spielen antreten. Sie hatten dann am Eingang zu warten, bis sie durch einen der herrschaftlichen Lakaien ins Musikzimmer gewiesen wurden. Mozart war anderes gewöhnt.

»Ich gab weder auf den Herrn Leibkammerdiener noch Herrn Bedienten acht, sondern ging schnurgerade zum Prinzen hin und machte ihm mein Kompliment – wo ich dann stehen blieb und immer mit ihm sprach... Cecarelli und Brunetti – die steckten ganz hinterm Orchester an die Mauer gelehnt und trauten sich keinen Schritt vor... Was mich aber halb desperat macht, ist, daß ich an dem nämlichen Abend, als wir die Scheiß-Musik da hatten, zur Gräfin Thun invitiert war – und also nicht hinkommen konnte, und wer war dort? Der Kaiser. Adamberger und die Weigel waren dort, und jedes hat fünfzig Dukaten bekommen! Und welche Gelegenheit!«

Sehr plötzlich, am 9. Mai, sollte er Wien verlassen und ein Paket des Erzbischofs nach Salzburg mitnehmen. Er wurde zu Seiner Hochfürstlichen Gnaden gerufen. Die Unterredung schildert er folgendermaßen:

»Nun, wann geht Er denn, Bursch?

Ich habe wollen heute nacht gehen, allein der Platz war schon belegt.

Dann gings in einem Odem fort, ich sei der liederlichste Bursch, den er kenne, kein Mensch bediene ihn so schlecht, wie ich – er rate mir, heute noch weg zu gehen, sonst schreibt er nach Haus, daß die Besoldung eingezogen wird. Man konnte nicht zur Rede kommen, das ging fort wie ein Feuer. Ich hörte alles gelassen an – er lügte mir ins Gesicht, ich hätte 500 fl Besoldung, hieß mich einen Lumpen, Lausbub, einen Fexen – oh, ich möchte Ihnen nicht alles schreiben. – Endlich, da mein Geblüt zu stark in Wallung gebracht wurde, so sagte ich: Sind also Euer Hochfürstliche Gnaden nicht zufrieden mit mir?

Was, Er will mir drohen! Oh, Er Fex! Dort ist die Tür, schau Er, ich will mit einem solchen elenden Buben nichts mehr zu tun haben.
Und ich mit Ihnen auch nichts mehr.
Also geh Er.
Und ich, im Weggehen: Er soll auch dabei bleiben; morgen werden Sie es schriftlich bekommen.

Sagen Sie mir also, bester Vater, ob ich das nicht eher zu spät als zu früh gesagt habe? Nun hören Sie: Meine Ehre ist mir über alles, und ich weiß, daß es Ihnen auch so ist... Ich hasse den Erzbischof bis zur Raserei.«

Doch so überlegen sich Wolfgang dem Vater gegenüber gab, innerlich war er aufs höchste erregt und erschüttert. Seine empfindlichen Nerven reagierten dementsprechend. »Was mir dieser herrliche Mann Gottes Neues erzählte, machte eine so treffliche Wirkung auf meinen Körper, daß ich abends in der Oper mitten im ersten Akt nach Hause gehen mußte, um mich zu legen. Denn ich war ganz erhitzt – zitterte am ganzen Leibe – und taumelte wie ein Besoffener auf der Gasse...« Leopold Mozart war wie vom Donner gerührt. Die mühsam geknüpften Bande zum Salzburger Hof sollten zerrissen, Wolfgang seinem Einfluß vollends entzogen werden? Es durfte nicht geschehen. Mit aller Autorität, die er noch zu haben glaubte, versuchte er auf den empörten Sohn einzuwirken. Doch der schrieb zurück: »– aber sollte ich betteln gehen, so möchte ich keinem solchen Herrn mehr dienen – denn das kann ich mein Lebtag nicht mehr vergessen.«

Fünfmal versuchte Wolfgang nach diesem Vorfall seinem Vorgesetzten, dem Oberstküchenmeister Graf Arco, ein Schreiben für den Erzbischof zu überreichen. Es wurde ihm nicht abgenommen, der Fürst von seinem Abschiedsgesuch nicht einmal in Kenntnis gesetzt. Anscheinend hoffte der Graf, den Konflikt im Laufe der Zeit doch noch gütlich beilegen zu können. Als Wolfgang, einen Tag vor der Abreise des Erzbischofs, wiederum erschien, gab es einen scharfen Wortwechsel zwischen ihnen; ein Fußtritt des Grafen Arco beendete die Beziehung zu Salzburg für immer.

Es muß Leopolds finsterste Stunde gewesen sein, als er erfuhr, daß sein geliebter, ewig unselbständiger Sohn nicht nur seinen Dienst auf solche Weise beendet hatte, sondern auf der Suche nach einer neuen Unterkunft Zimmerherr im Auge Gottes, also bei den »Weberischen« geworden war. Zwischenträger sorgten dafür, daß Leopold Mozart die denkbar ungünstigsten Berichte über diese fatale Familie erhielt, mit der, seiner Meinung nach, Wolfgangs ganzes Unglück angefangen hatte. Wolfgang schreibt darauf voller Würde und Ehrerbietung: »... nur das bitte ich, wenn Sie mir etwas schreiben, daß Ihnen an mir nicht recht ist oder daß Sie glauben, daß es besser sein könnte – und ich schreibe Ihnen dann wieder meine Gedanken darüber – so halte ich es allzeit für etwas, das zwischen Vater und Sohn geredet ist, also ein Geheimnis und nicht als etwas, das andere auch wissen sollen ... denn, bei Gott, anderen Leuten geb ich nicht fingerlang Rechenschaft von meinem Tun und Lassen, und sollte es der Kaiser sein.«

Alle Versuche, Wolfgang zur Zurücknahme des Entlassungsgesuches zu bewegen, blieben vergeblich. Er schrieb weiter ausführlich und liebevoll an den Vater und malte ihm seine Zukunft in den hellsten Farben. Er wird Unterricht geben, 6 Dukaten bekommt man in Wien für 12 Lektionen; eine Schülerin hat er sogar schon, die Gräfin Rumbeck. Die meisten vornehmen Familien sind gegenwärtig allerdings auf dem Lande. Vielleicht erhält er einen Opernauftrag! Seine feste Haltung, die Entschlossenheit, in Wien, »diesem Klavierland«, sein Glück zu machen, gab Wolfgang nicht auf. Er schrieb auch: »Das Herz adelt den Menschen, und wenn ich schon kein Graf bin, so habe ich vielleicht mehr Ehre im Leib als mancher Graf; und Hausknecht oder Graf, sobald er mich beschimpft, so ist er ein Hundsfott.«

Doch selbst, wenn Wolfgang Glück hatte, wenn die Hoffnungen, die er sich machte, berechtigt waren, wenn er einer äußerlich gesicherten ehrenvollen Zukunft entgegenging: wie sollte sie je befriedigend verlaufen, wenn er bei den »Weberischen« hängen blieb, womöglich eine der Töchter heiratete? Leopolds künstlerischer Ruf ruhte auf einem bürgerlich seriösen Hintergrund. Darauf war er stolz. Von der alten Frau Weber hieß es, daß sie liederlich, leichtsinnig und dem Trunk ergeben sei. Letzteres hatte selbst Wolfgang zugeben müssen. Heiratsgedanken stritt er zunächst heftig ab, er schrieb übermütig: »Wenn ich alle heiraten wollte, mit denen ich gespaßt habe, so müßte ich leicht zweihundert Frauen haben.«

Ob ihm zu diesem Zeitpunkt nicht schon klar war, daß er nicht nur gespaßt, daß er sich festgelegt hatte, – festgelegt gegenüber einer »Weberischen« –?

Die beiden Konstanzen

Äußerlich war er frei, sein eigener Herr, niemandes Diener mehr! Ein Rausch des Glücks überkam ihn. Er würde arbeiten, komponieren, die Noblessen, die ihn so sehr schätzten, würden ihn zu Lektionen verpflichten. Und der Hof würde ihm Aufträge geben; vielleicht wurde er angestellt? Tief im Innern machte sich leise Unruhe bemerkbar: Wenn der Erzbischof nun aber den Vater seines Amtes enthob, weil der Sohn unbotmäßig war? Wenn er seinen Ärger an ihm ausließ, und er, Wolfgang, war schuld? Manchmal fiel ihm auch ein, was der Graf Arco gesagt hatte, als sie noch vernünftig miteinander sprachen. Er hatte ihn förmlich beschworen:

»Glauben Sie mir, Sie lassen sich hier zu sehr verblenden; hier dauert der Ruhm eines Menschen zu kurz. Von Anfang an hat man alle Lobsprüche und gewinnt auch sehr viel, das ist wahr – aber wie lange? Nach etwelchen Monaten wollen die Wiener wieder was Neues.« Wolfgang würde an diese Worte später noch oft denken müssen.

Seine Briefe nach Haus waren voller Liebe, stets mit »dero gehorsamster Sohn« unterzeichnet. Doch war er das noch? Längst ging er eigene Wege. Nach dem Lieben Gott kam jetzt nicht mehr »gleich der Papa«. Für die Dienste beim unbequemen Fürsterzbischof hatte er andere eingetauscht, liebenswürdigere – keineswegs leichtere. So schildert er den Tageslauf: »Um 6 Uhr früh bin ich schon allzeit frisiert, um 7 Uhr ganz angekleidet. Dann schreibe ich bis 9 Uhr. Von 9 Uhr bis 1 Uhr habe ich meine Lektionen. Dann esse ich, wenn ich nicht zu Gaste bin, wo man dann um 2 Uhr und auch 3 Uhr speist. Vor 5 Uhr abends oder 6 Uhr kann ich nichts arbeiten – und öfters bin ich durch eine Akademie daran verhindert; wo nicht, so schreibe ich bis 9 Uhr. Da ich mich wegen der vorfallenden Akademien und auch wegen der Unsicherheit, ob ich nicht bald da, bald dorthin gerufen werde, auf das Abendschreiben nicht verlassen kann, so pflege ich … noch vor dem Schlafengehen etwas zu schreiben, da verschreibe ich mich öfters bis 1 Uhr – und dann wieder um 6 Uhr auf.«

Um diese Zeit wohnte Wolfgang schon nicht mehr bei den »Weberischen«. Der Vater hatte es gebieterisch verlangt, die schlaue Madame Weber ebenfalls: offenbar, um Wolfgangs eben erblühende Neigung für Konstanze geschickt zu steigern. Sie war die mittlere der drei noch unverheirateten Töchter; nicht besonders hübsch, nicht besonders klug, nicht sehr gebildet, aber äußerlich attraktiv. Mozart verliebte sich in sie, weil er eine Frau brauchte – und weil er seit dem Bruch mit Salzburg sehr einsam war. Madame Weber, die Wolfgangs finanzielle Aussichten günstig beurteilte, förderte seine Verliebtheit und tat gleichzeitig moralisch entrüstet. Skrupellos spann sie um den arglosen jungen Menschen eine üble Intrige. Eines Tages trat der Vormund von Konstanze auf den Plan: ein Herr Thorwart. Ehemals Lakai, jetzt Faktotum des für Wolfgangs Zukunft so wichtigen Hoftheater-Direktors, des Grafen Orsini-Rosenberg. Thorwart galt als ordinär, brutal und gerieben. Dieser Herr veranlaßte den verliebten Wolfgang ein »Heiratsversprechen« zu unterzeichnen, in welchem er sich verpflichtete, Konstanze binnen 3 Jahren zu heiraten, widrigenfalls aber jährlich 300 fl an sie zu zahlen!

»Was tat aber das himmlische Mädchen, als der Vormund weg war?« schreibt Wolfgang. »Sie begehrte von der Mutter die Schrift, sagte zu mir: Lieber Mozart! ich brauche keine schriftliche Versicherung von Ihnen, ich glaube Ihren Worten so, und zerriß die Schrift.«

Die ganze Affäre mutet wie eine abenteuerliche Szene aus einem Rührstück an. Konstanze flüchtete schließlich vor dem Gezänk und Gerede ihrer Mutter zu einer Gönnerin Mozarts, der Baronin Waldstätten. Als Madame Weber daraufhin drohte, ihre Tochter mit der Polizei zurückholen zu lassen, entschloß sich der gequälte Wolfgang zur sofortigen Heirat. Mehrmals hatte er schon den Vater um Erlaubnis dazu gebeten, ihm auch seine Gründe genannt:

»Die Natur spricht in mir so laut wie in jedem anderen, und vielleicht lauter als in manchem großen starken Lümmel. Ich kann unmöglich so leben wie die meisten dermaligen jungen Leute. Erstens habe ich zu viel Religion, zweitens zu viel Liebe des Nächsten und zu ehrliche Gesinnungen, als daß ich ein unschuldiges Mädchen anführen könnte, und drittens zu viel Grauen und Ekel vor die Krankheiten und zu viel Liebe zu meiner Gesundheit, als daß ich mich mit Huren herumbalgen könnte. Ich kann mir nichts Nötigeres denken als eine Frau ... ein lediger Mensch lebt in meinen Augen nur halb.« Dann beschreibt er Konstanze:

»Sie ist nicht häßlich, aber auch nichts weniger als schön. Ihre ganze Schönheit besteht in zwei kleinen schwarzen Augen und einem schönen Wachstum. Sie hat keinen Witz, aber gesunden Menschenverstand genug, um ihre Pflichten als eine Frau und Mutter erfüllen zu können... Versteht die Hauswirtschaft, hat das beste Herz von der Welt – ich liebe sie und sie liebt mich von Herzen! Sagen Sie mir, ob ich mir eine bessere Frau wünschen könnte?«

Leopold Mozart war verzweifelt. Mit Strenge, mit Beschwörungen, mit eisigem Schweigen hatte er versucht, Wolfgang wieder gefügig zu machen. Doch der war bereits ganz in den Händen der skrupellosen »Weberischen«. Am 27. Juli 1782 schrieb er: »Ich muß Sie bitten, um alles in der Welt bitten, daß ich meine liebe Konstanze heiraten kann ... ich sehe, daß es meiner Ehre, der Ehre meines Mädchens und meiner Gesundheit und Gemütszustand wegen unumgänglich notwendig ist...«

Ohne Einwilligung des Vaters wurde er am 4. August 1782 in der Pfarre von St. Stephan mit Konstanze getraut. Beide weinten dabei vor Rührung. Die Baronin von Waldstätten hatte ihnen ein festliches

Haydn und Mozart beim Musizieren, links Konstanze; Glasmalerei

Hochzeitssouper ausgerichtet. Einen Tag später langte die widerwillig gegebene Erlaubnis des Vaters an. Wolfgang konnte aufatmen.

Daß er den Kampf gegen den Vater und gegen die »Weberischen« durchstehen konnte, verdankte er einzig seiner Kunst. Noch nie zuvor hatte sich Mozart als Musiker so bestätigt gefühlt, wie in dieser ersten Wiener Zeit. Nicht nur als Lehrer adliger Schülerinnen. Joseph II., der den Augarten erst vor kurzem für die Bevölkerung geöffnet hatte, erteilte Philipp Jakob Martin die Erlaubnis, dort und auf den schönsten Plätzen der Stadt Konzerte oder Nachtmusiken zu veranstalten. Auch sie schienen ihm Mittel »zur Annäherung der Stände«. Mozart war als Komponist und Klavierspieler an ihnen beteiligt; es gab Ehre und Geld.

Vor allem aber war der Opernauftrag für das Teutsche National-Singspiel Wirklichkeit geworden. Diese dem Burgtheater auf Wunsch des Kaisers angegliederte Institution litt seit ihrer Gründung am Mangel deutscher Werke. Man behalf sich mit französischen und italienischen heiteren Opern, die in deutscher Übersetzung gegeben wurden. Der Inspizient Gottlieb Stephanie, der Mozart von früher kannte, war schon längere Zeit auf der Suche nach einem Text. Er brachte ihm schließlich ›Belmont und Konstanze‹ von Christian Friedrich Bretzner, ein Singspiel, das schon Johann André vertont hatte. Er nannte es ›Die Entführung aus dem Serail‹ und änderte es für Mozarts Belange.

Mozart hat während der Arbeit an diesem Werk, in das die ganze Gefühlsintensität für seine eigene Konstanze mit einfloß, sehr genaue Angaben über seine dramaturgischen und musikalischen Vorstellungen gemacht. Sie waren an den Vater gerichtet; noch immer war er der einzige Gesprächspartner für alle künstlerischen Probleme, die ihn beschäftigten. Anders als für Gluck stand für Mozart nicht das Drama an sich, sondern seine Verwendbarkeit für die Komposition im Vordergrund. Er schrieb:

»Bei einer opera muß schlechterdings die Poesie der Musik gehorsame Tochter sein. Warum gefallen denn die welschen Opern überall? ... weil da ganz die Musik herrscht – und man darüber alles vergißt.« Diesem Prinzip folgte auch Mozart. Die Arie des Osmin, des komisch-bösartigen Haremswächters der geraubten Konstanze, war in der Musik schon fertig, ehe auch nur ein Wort des Textes davon existierte! Es ist wunderbar, an Hand der Briefe zu verfolgen, wie sich die Personen des Stückes immer deutlicher herausschälen: der täppische Osmin; das lustige Dienerpaar; Belmonte, in Mozarts musikalischer Zeichnung fast ein verkleideter Prinz, und schließlich Konstanze, deren verhaltene Mädchenhaftigkeit allerdings durch virtuose Koloraturen zuweilen zugedeckt wird. Mozart hatte sie der »geläufigen Gurgel« der Darstellerin, ein wenig auch der Vorliebe

Klavierauszug der Entführung aus dem Serail

des Kaisers für den Ziergesang aufgeopfert. Noch war das Teutsche Singspiel eine Mischform, in der die verschiedensten Stile spürbar wurden. Mozart gelang es, sie in seiner ›Entführung‹ zu einem lebendigen Organismus zu verschmelzen. Es ist seine erste ganz menschliche Oper, voller Wärme und Phantasie, beglückend durch die Ausgewogenheit, mit der Singstimmen und Instrumente einander ergänzen und durchdringen. Die Vertiefung, die das musikalische Ganze dadurch empfing, war für die damaligen Hörer etwas vollständig Neues und Ungewöhnliches. Als Joseph II. zum Komponisten meinte: »Zu schön für unsere Ohren und gewaltig viel Noten, lieber Mozart!«, soll dieser geantwortet haben: »Gerade so viel, Eure Majestät, als nötig ist!«

Am 16. Juli 1782 – ein halbes Jahr nach der Mannheimer Uraufführung der ›Räuber‹ von Schiller – wurde das Werk zum erstenmal im Kärntner Tor Theater aufgeführt. Es kam bis zum Ende des Jahres zu fünfzehn Wiederholungen. Eine der Aufführungen fand auf besonderen Wunsch von Gluck statt.

Mozart verdiente an seinem so erfolgreichen Werk 426 Gulden 40 Kreuzer. Für spätere Aufführungen in anderen Städten erhielt er nichts; Urheberschutz kannte man ja noch nicht. Die Prager Aufführung, die ein Jahr später stattfand, brachte einen großen Erfolg; in einem Bericht heißt es: »Alles war hingerissen, alles staunte über die neuen Harmonien, über die originellen, bisher unerhörten Sätze der Blasinstrumente. Von nun an war die Vorliebe der Böhmen für seine Werke entschieden.«

Auch andere Städte brachten die ›Entführung‹ heraus, zunächst Mannheim, Frankfurt und Bonn, später München, Kassel, Breslau, Berlin und Stuttgart. Goethe, der sich eine Zeitlang so intensiv um das deutsche Singspiel bemüht hatte, schrieb in seiner ›Italienischen Reise‹: »Alles unser Bemühen, uns im Einfachen und Beschränkten abzuschließen, ging verloren, als Mozart auftrat. ›Die Entführung aus dem Serail‹ schlug alles nieder.«

Hinzuzufügen ist noch, daß der Leipziger Kaufmann Christian Friedrich Bretzner, der seinerzeit für ›Belmont und Konstanze‹ die verschiedensten Anregungen und Vorlagen benutzt hatte und dessen Stück nun wiederum Gottlieb Stephanie als Grundlage diente, nach dem großen Erfolg der Oper folgende Mitteilung in die Leipziger Zeitung einrücken ließ:

Ein gewisser Mensch namens Mozart in Wien hat sich erdreistet, mein Drama ›Belmont und Konstanze‹ zu einem Operntext zu mißbrauchen. Ich protestiere hiermit feierlich gegen diesen Eingriff in meine Rechte und behalte mir Weiteres vor.

Christoph Friedrich Bretzner,
Verfasser des ›Räuschchen‹

Mozart im Glück

»Guten Morgen, liebes Weibchen, ich wünsche, daß Du gut geschlafen habest, daß Du nicht zu jäh aufstehst, daß Du Dich nicht erkältest, nicht bückst, nicht streckst, Dich mit Deinen Dienstboten nicht erzürnst, im nächsten Zimmer nicht über die Schwelle fällst. Spare häuslichen Verdruß, bis ich zurückkomme. Daß nur Dir nichts geschieht!«

Solche und ähnliche Zettelchen legte Mozart seiner Konstanze aufs Bett, wenn er die noch Schlafende frühmorgens verließ, um – auf ärztliches Anraten – reiten zu gehen. Das junge Paar wohnte zunächst im Haus Zum roten Säbel auf der Hohen Brücke. Es sollte noch zehnmal umziehen! Dies erste Heim war bescheiden, und doch erfüllte es Wolfgang mit Stolz. Er hatte, seit er halbwegs erwachsen war, nie eine eigene Umgebung gehabt, nie ein Zuhause, das er formen, in dem er bestimmen konnte. Von 1773 bis 1780 lebte er im väterlichen Haus in Salzburg, dazwischen in wechselnden Situationen auf Reisen, oft in höchst primitiven Umständen, wie in der Pariser Zeit. Auch während seiner monatelangen Aufenthalte in Mannheim und München war er behelfsmäßig untergebracht. Als er 1781 nach Wien befohlen wurde, mußte er im strengen Umkreis des Erzbischofs leben, fand dann bei den unordentlichen, aber herzlichen »Weberischen« Unterkunft. Immerhin interessierte man sich dort für seine Sorgen, verstand auch etwas von Musik. Kaum war er warm geworden, trieb ihn der strenge Befehl des Vaters wieder in ein möbliertes Zimmer, ohne Pflege, Trost und Ansprache. Wenn er jetzt von Lektionen oder adligen Akademien nach Hause kam, wartete Konstanze auf ihn, schnitt ihm bei Tisch das Fleisch, wie er es liebte, hielt mit, wenn er während der Niederschrift einer Partitur Punsch trank, oder las ihm zu seiner Ergötzung dabei Märchen vor. Sie störte ihn nie. Sie forderte nichts und machte, da sie häusliche Misere von früh an gewohnt war, kein Wesens daraus, wenn er ohne Geld nach Hause kam. So erzählte der Hausmeister Deiner, daß er das Ehepaar an einem kalten Wintertag in der ungeheizten Wohnung

Konstanze Mozart, gemalt von ihrem Schwager Joseph Lange

tanzend angetroffen habe. Lachend gestanden sie, daß sie sich auf diese Weise erwärmen wollten, da sie kein Geld hätten, um Holz zu kaufen. Deiner beschaffte es. Konstanze war anpassungsfähig, lässig im Haushalt und konnte das so schwer erworbene Geld nicht zusammenhalten. Ihr Leichtsinn paßte sich in verhängnisvoller Weise Wolfgangs kindlichem Optimismus an. An seinen unaufhörlichen Wortverdrehungen, Späßen und Kaspereien hatte sie echtes Vergnügen. Wie alle »Weberischen« war sie musikalisch, besaß eine hübsche Stimme und konnte vom Blatt singen. Auf höhere geistige Ebenen vermochte sie ihrem Mann nicht zu folgen. Mozart wird es bald erkannt und schweigend hingenommen haben. Zunächst war er in seine Frau verliebt, und sie wußte diese Art seiner Zuneigung lebendig zu erhalten. Man kann es aus seinen Briefen an sie herauslesen. Im übrigen galt er als leicht entflammbar, wir hören von Sängerinnen, die ihn nicht nur durch ihre schöne Stimme entzückten; auch die Verehrung für manche seiner adligen Scholarinnen mag mehr als freundschaftlich gewesen sein. Flüchtige Untreue nannte Konstanze »Stubenmädeleien«. Sie berührten sie kaum. Auf Frau von Trattner, seine Klavierschülerin, auf Josefa Duschek, die Prager Sängerin, und andere, die tieferes Verständnis für Mozarts Musik zeigten, scheint sie dagegen eifersüchtig gewesen zu sein.

Das Wichtigste war ihm jetzt die gesellschaftliche Anerkennung. Von ihr hing es ab, ob er gut zahlende Schüler aus Adelskreisen und eines Tages vielleicht ein Hofkapellmeisteramt bekam. Es wird berichtet, daß Mozart großen Wert auf sein Äußeres legte, gerne kostbar gekleidet ging und sich oft kaum von einem Kammerherren unterschied. In einem Brief an seine Gönnerin, die Baronin Waldstätten, kommt das in rührender Weise zum Ausdruck:

»Wegen dem schönen roten Frack, welcher mich ganz grausam im Herzen kitzelt, bitte ich halt recht sehr, mir recht sagen zu lassen, wo man ihn bekommt und wie teuer, denn das habe ich ganz vergessen, weil ich nur die Schönheit davon in Betrachtung gezogen, und nicht den Preis. Denn so einen Frack muß ich haben, damit es der Mühe wert ist, die Knöpfe darauf zu setzen, mit welchen ich schon lange in meinen Gedanken schwanger gehe; ich habe sie einmal, als ich mir zu einem Kleide Knöpfe ausnahm, auf dem Kohlmarkt in der Brandauischen Knöpffabrik vis à vis dem Milano gesehen. Diese sind Perlmutter, auf der Seite etwelche weiße Steine herum, und in der Mitte ein schöner gelber Stein. Ich möchte alles haben, was gut, echt und schön ist! Woher kommt es doch, daß die, welche es nicht im Stande sind, alles auf so was verwenden möchten, und die, welche es im Stande wären, es nicht tun?«

Mozart wußte, daß er unscheinbar wirkte. Es verstimmte ihn, wenn er sich von Unbekannten übersehen glaubte. »Sie denken sich halt, weil ich klein und jung bin, so kann nichts Großes und Altes hinter mir stecken; sie werden es aber bald erfahren.« Niemetschek, sein späterer Prager Verehrer und Freund, beschreibt, daß »sein Blick unstet und zerstreut schien; außer wenn er am Klavier saß, da änderte sich sein ganzes Antlitz. Ernst und gesammelt ruhte dann sein Auge, auf jeder Muskelbewegung drückte sich die Empfindung aus, welche er durch sein Spiel vortrug und in dem Zuhörer so mächtig wieder zu erwecken vermochte.

Er hatte kleine schöne Hände, bei dem Klavierspielen wußte er sie so sanft und natürlich auf der Klaviatur zu bewegen, daß sich das Auge daran nicht minder als das Ohr an den Tönen ergötzen mußte. Sein Gehör war so fein, faßte die Verschiedenheit der Töne so gewiß und richtig auf, daß er den geringsten Fehler oder Mißton selbst bei dem stärksten Orchester bemerkte und den Spieler oder das Instrument, welches ihn beging, anzugeben wußte.

Nichts brachte ihn so sehr auf als Unruhe, Getöse oder Geschwätz bei der Musik. Da geriet der so sanfte muntere Mann in den größten Unwillen und äußerte ihn sehr lebhaft ... Alles was er vortrug, empfand er selbst aufs stärkste – sein ganzes Wesen war dann Gefühl und Aufmerksamkeit; wie konnte ihn also kalte Gefühllosigkeit, Unaufmerksamkeit oder gar ein störendes Geschwätz in der Laune und Fassung erhalten! ... Aber nicht allein Musik, sondern auch jeder andere rührende Gegenstand ergriff sein ganzes Gefühl und erschütterte ihn.«

Fast ein Porträt von ihm zeichnete seine Schwägerin Sophie: »Er war immer guter Laune, aber selbst in der besten sehr nachdenkend, einem dabei scharf ins Auge blickend, auf alles, es mochte heiter oder traurig sein, überlegt antwortend, und doch schien er dabei an ganz etwas anderem tiefdenkend zu arbeiten. Selbst wenn er sich in der Frühe die Hände wusch, ging er dabei im Zimmer auf und ab, blieb nie ruhig stehen, schlug dabei eine Ferse an die andere und war immer nachdenkend. Bei Tische nahm er oft eine Ecke seiner Serviette, drehte sie fest zusammen, fuhr sich damit unter der Nase herum und schien in seinem Nachdenken nichts davon zu wissen und öfters machte er dabei noch eine Grimasse mit dem Munde. In seinen Unterhaltungen war er für eine jede neue sehr passioniert, wie fürs Reiten und auch für Billard. Um ihn vom Umgange mißlicher Art abzuhalten, versuchte seine Frau geduldig alles mit ihm. Auch sonst war er immer in Bewegung mit Händen und Füßen, spielte auch immer mit etwas, z. B. seinem Chapeau, Taschen, Uhrband, Tischen, Stühlen gleichsam Klavier.«

Da hat man ihn fast unheimlich genau vor sich: einen stets tief beschäftigten Menschen, scharf beobachtend, dann wieder vollkommen abwesend, niemals gleichgültig, niemals nur an der Oberfläche der Dinge haftend.

Die Zeiten hatten sich geändert. Jetzt hatte er auch gelernt, mit wenigen Schülern gute Einnahmen zu erzielen. »Mein Preis ist für 12 Lektionen 6 Dukaten, und da geb ich ihnen noch zu erkennen, daß ich es aus Gefälligkeit tue. Ich will lieber 3 Instruktionen haben, die mich gut bezahlen, als 6, die mich schlecht zahlen.« Trotzdem ging der ganze Vormittag mit Stundengeben herum: »Folglich bleibt mir nichts als der Abend zu meiner lieben Arbeit, der Komposition.« Um 10 Uhr mußte er bei Frau von Trattner sein, um 11 bei der Gräfin Rumbeck. Maria Theresia von Trattner, die zweite Frau des reichen Buchhändlers Johann Thomas von Trattner, war seit 1781 Mozarts Schülerin. Sie muß eine ausgezeichnete Klavierspielerin gewesen sein, Mozart hat ihr seine große c-moll-Sonate mit der vorangestellten Phantasie gewidmet. Sie stand von allen Schülern offenbar seinem Herzen am nächsten. Herr von Trattner stellte den Mozarts eine schöne Wohnung zu günstigem Preis im Trattnerhof auf dem Graben zur Verfügung. Im gleichen Hause befand sich ein geräumiger Saal, der für Mozarts Privatkonzerte geeignet war. Leider blieb das Ehepaar in dieser Wohnung nur kurze Zeit. Eine der begabtesten Schülerinnen Mozarts war Josephine Aurnhammer. Er beschreibt sie recht drastisch: »Sie ist dick wie eine Bauerndirne, schwitzt also, daß man speien möchte, und geht so bloß, daß man ordentlich lesen kann ... aber man ist den ganzen Tag bestraft genug, wenn sich unglücklicherweise die Augen darauf wenden. Sie ist serieusement in mich verliebt. Dabei spielt sie aber zum Entzücken; nur geht ihr der wahre, feine singende Geschmack im Cantabile ab, sie verrupft alles.« Trotz dieser kritischen Einstellung muß Mozart sie als Klavierspielerin geschätzt haben, er trat mehrfach mit ihr zusammen auf und komponierte auch verschiedene Werke für sie. Sie hat Klavier-Sonaten und Variationen von ihm ediert, auch eigene Kompositionen herausgegeben. Durch den Umgang mit Adelsfamilien und musikinteressierten Kreisen des Bürgertums gewann Mozart Subskribenten für seine Akademien. Sie verpflichteten sich im voraus, eine bestimmte Anzahl von Billets abzunehmen. Es war die damals übliche Form des Privatkonzertes. In den erfolgreichen Jahren standen oft zwischen 120 und 170 Namen auf Mozarts Listen. Allein vom 26. Februar bis zum 3. April 1784 trat er zweiundzwanzigmal auf. Er schrieb seinem Vater:

»Hier haben Sie die Liste von allen meinen 174 Subskribenten. Ich habe allein um dreißig mehr als Richter und Fischer zusammen, da ich die drei letzten Mittwoche in der Fasten, vom 17. März angefangen, drei Konzerte im Trattnerschen Saal auf Abonnement gebe; der Preis ist auf alle drei Konzerte 6 Gulden. Im Theater werde ich dieses Jahr zwei Akademien geben; nun können Sie sich leicht vorstellen, daß ich notwendig neue Sachen spielen muß, und da muß man also schreiben. Der ganze Vormittag ist den Skolaren gewidmet, und abends habe ich fast alle Tage zu spielen.«

Wenige Wochen später schreibt er dem Vater, er habe sich durch seine drei Subskriptions-Akademien »sehr viel Ehre gemacht. Auch meine Akademie im Theater ist sehr gut ausgefallen. Ich habe zwei große Konzerte geschrieben und dann ein Quintett für Oboe, Klarinette, Horn, Fagott und Pianoforte, welches außerordentlichen Beifall erhalten; ich selbst halte es für das Beste, was ich noch in meinem Leben geschrieben habe. Ich wollte wünschen, Sie hätten es hören können! Und wie schön es aufgeführt wurde! Übrigens bin ich, die Wahrheit zu gestehen, gegen das Ende hin müde geworden von lauter spielen, und es macht mir keine geringe Ehre, daß es meine Zuhörer nie wurden.«

Mozart hat in den Wiener Jahren vierzehn von seinen zweiundzwanzig Klavierkonzerten geschrieben. Es sind galante und virtuose, sinfonisch gewichtige und solche von leidenschaftlichem Ausdruck unter ihnen. Wohl vergaß Mozart nie, daß es Gesellschaftsmusik war, die er zu schreiben hatte, doch löste er das Problem auf seine Art. Als der Vater ihn mahnte, das »Populare«, das Leichtverständliche, nicht außer acht zu lassen, antwortete er ihm: »Die Konzerte sind eben das Mittelding zwischen zu schwer und zu leicht, sind sehr brillant, angenehm in die Ohren, natürlich, ohne in das Leere zu fallen. Hier und da können auch Kenner Satisfaktion erhalten, doch so, daß die Nichtkönner damit zufrieden sein müssen, ohne zu wissen, warum.«

Die meisten dieser Konzerte komponierte Mozart für sich selber, um in den zahlreichen Akademien und Subskriptionskonzerten an immer neuen Werken Virtuosität und schöpferische Vielseitigkeit zeigen zu können. In ganz ungewöhnlicher Weise muß er die Kunst der Improvisation beherrscht haben. Es gibt zahlreiche Berichte darüber. Hübsch ist der eines dänischen Verehrers aus dem Jahre 1788. Er besuchte Mozart mit zwei Freunden, »und dort erlebte ich die glücklichste Stunde Musik, die mir je beschieden war. Dieser kleine Mann und große Meister phantasierte zweimal auf einem Pedal-Flügel – so wundervoll! so wundervoll! – daß ich nicht wußte, wo ich war. Die schwierigsten Passagen und die lieblichsten Themen ineinander verwoben. Seine Frau schnitt Kielfedern für den Notenschreiber, ein Schüler komponierte, ein kleiner Knabe von vier Jahren ging im Garten herum und sang Rezitative, kurz: alles um den herrlichen Mann war musikalisch!«

Da der Diebstahl von erfolgreichen musikalischen Werken damals gang und gäbe war, die Noten vor den Aufführungen abgeschrieben werden mußten und daher unkontrolliert in fremde Hände geraten konnten, verfuhr Mozart mit seinen neuen Klavierkonzerten sehr vorsichtig. Er führte die Orchesterstimmen vollständig aus, deutete aber die Klavierstimme nur in Umrissen an und spielte sie bei der Aufführung aus dem Gedächtnis. An den Vater schrieb er einmal, als er diesem die Noten seiner neuesten Konzerte zusandte: »Ich will gerne Geduld haben, bis ich sie wieder zurück erhalte, nur daß sie kein Mensch in die Hände bekommt. Ich hätte erst heute für eines davon 24 Dukaten haben können; ich finde aber, daß es mir mehr Nutzen schafft, wenn ich sie noch ein paar Jährchen bei mir behalte und dann erst durch den Stich bekannt mache.«

Auch in den Solo-Konzerten machten sich Mozarts gewandelte Ansprüche bemerkbar. Es gibt in ihnen – wie im d-moll-Klavierkonzert oder den langsamen Sätzen des Es-dur-Konzertes und der ›Sinfonie concertante‹ – verhaltene Bekenntnisse aus seiner innersten Welt, ihrer Schönheit, Schwermut und Tiefe.

Während seine Violinkonzerte noch alle in Salzburg entstanden waren, teils für das eigene Auftreten, teils für den Kollegen Brunetti, komponierte er die Hornkonzerte in Wien, und zwar für einen Salzburger Kollegen. Leutgeb war ein guter Bläser, aber ein einfältiger und ungeschliffener Mensch, der sich in Wien eine Käsereigerechtigkeit auf Kredit gekauft hatte. Mozart ließ mehrmals seine Necklust an ihm aus und schrieb auf die Titelseite des 2. Konzertes: »Wolfgang Amadé Mozart hat sich über den Leutgeb, Esel, Ochs und Narr erbarmet zu Wien den 27. May 1783.« Ein anderes Konzert für ihn ist abwechselnd mit schwarzer, roter, grüner und blauer Tinte geschrieben. In die Solostimme des D-dur-Konzertes hat Mozart italienische Ausrufe eingefügt, die sich über die Ungeschicklichkeiten des Solisten lustig machen, etwa: »Langsam, Herr Esel – schneller – nur Mut – oh, was für ein Mißklang! – weh mir – so atme doch etwas – vorwärts, vorwärts!«

An lustigen Einfällen mangelte es Mozart nie. In guten Stunden war er noch immer »der nämliche Hanswurst« wie auf der italienischen Reise. An Tanz, Geselligkeit und Maskenbällen hatte er unbändiges Vergnügen. Schon in seiner zweiten Wiener Wohnung, dem Herbersteinschen Haus, veranstaltete er einen Ball, bei dem sich die Kavaliere mit 2 Gulden an den Unkosten beteiligen mußten. Das Fest wurde ein voller Erfolg, er schreibt nach Salzburg: »Wir haben abends um sechs Uhr angefangen und um sieben Uhr aufgehört. Was, nur eine Stunde? – Nein, nein, morgens um sieben Uhr!«

Lustige, manchmal recht derbe Verse hat Mozart zu allen möglichen Gelegenheiten verfaßt. Zur Hochzeit der Schwester Nannerl, die keine Liebesheirat einging, sondern erst als 32jährige eine Vernunftehe mit dem verwitweten Gerichtspfleger von St. Gilgen schloß, reimte er folgendes:

Du wirst im Ehstand viel erfahren,
Was Dir ein halbes Rätsel war;
Bald wirst Du aus Erfahrung wissen,
Wie Eva einst hat handeln müssen,
Daß sie hernach den Kain gebar.
Doch, Schwester, diese Ehstandspflichten
Wirst Du von Herzen gern verrichten,
Denn glaube mir, sie sind nicht schwer.
Doch jede Sache hat zwo Seiten;
Der Ehstand bringt zwar viele Freuden,
Allein auch Kummer bringet er.
Drum wenn Dein Mann Dir finstere Mienen,
Die Du nicht glaubest zu verdienen,
In seiner üblen Laune macht:
So denke, das ist Männergrille,
Und sag: Herr, es gescheh Dein Wille
Bei Tag(!) – – und meiner bei der Nacht.

Dein aufrichtiger Bruder
W. A. Mozart

Bald nach seiner Eheschließung hatte Wolfgang seinem Vater einen Besuch mit Konstanze in Aussicht gestellt. Der Plan verzögerte sich jedoch; Akademien, das winterliche Wetter, schließlich Konstanzes erste Schwangerschaft verhinderten seine Ausführung.

Nannerl Mozart zur Zeit ihrer Eheschließung

Doch sechs Wochen nach der Geburt des Söhnchens Raymund machte sich das junge Paar auf den Weg; der Kleine war inzwischen in Pflege gegeben worden. Wolfgangs Hoffnung, die Spannung zwischen seiner Frau und dem Vater würde sich durch die persönliche Begegnung vermindern und vielleicht ganz verlieren, erfüllte sich nicht. Man war freundlich, etwas distanziert, musizierte viel miteinander und mit Freunden. Wolfgang brachte Teile einer neuen Messe mit, die er seinerzeit zu schreiben gelobt hatte, wenn Konstanze ihm angetraut würde. Das Werk kam in St. Peter zur Aufführung; Konstanze sang die Sopranpartie.

Das schönste und rührendste Ergebnis der Reise waren zwei Duette für Violine und Viola, die Wolfgang aus Gefälligkeit für seinen lieben alten Kollegen Michael Haydn komponierte. Haydn war erkrankt und konnte eine Anzahl bestellter Duos nicht rechtzeitig beim Erzbischof abliefern. Sicher hat es Mozart Spaß gemacht, ihm auf diese Weise helfen und dem gestrengen ehemaligen Herren ein Schnippchen schlagen zu können.

Als Wolfgang und Konstanze Mitte November nach Wien zurückkehrten, mußten sie erfahren, daß der kleine Raymund, »das arme, dicke, fette und liebe Buberl« inzwischen gestorben und längst beerdigt war. Knapp ein Jahr später wurde Carl geboren, der seine Eltern überlebt hat.

Im Herbst 1784 zogen Mozarts in ihre sechste Wiener Wohnung, Schulerstraße 846, die 460 fl Miete kostete. Hier erlebten sie ihre schönsten sorglosesten Jahre, Zeiten der Hoffnung und eines bescheidenen Glanzes. Hier besuchte sie Leopold Mozart und blieb zweieinhalb Monate bei ihnen. Er war beeindruckt von Wolfgangs Umgebung, seiner gesellschaftlichen Stellung, vor allem von der Musik, die er komponierte und zur Aufführung brachte. »Dein Bruder«, so schreibt er an Nannerl, »hat in seiner Akademie 559 Gulden gemacht, welches wir nicht vermuteten, weil er eine Subskription zu sechs Konzerten auf der Mehlgrube hat, die aus mehr als 150 Personen besteht. Jede zahlt ein Souverän für die sechs Konzerte. Überdies hat er so oft im Theater bei anderen Akademien aus Gefälligkeit gespielt ... Deines Bruders Fortepiano ist wenigstens zwölfmal, seitdem ich hier bin, aus dem Haus ins Theater oder in ein anderes Haus getragen worden.«

Eines der wichtigsten Häuser dieser Jahre wurde für Wolfgang das des Barons Gottfried van Swieten, bei dem er als Zwölfjähriger seine erste Oper am Flügel vorgeführt hatte. Dieser begeisterte Musikdilettant war jahrelang kaiserlicher Gesandter in Berlin gewesen, wo er die Werke norddeutscher Komponisten, vor allem aber Händels und Johann Sebastian Bachs und seiner Söhne, kennengelernt hatte. Er brachte Kopien dieser Musikstücke nach Wien und gebärdete sich hier, etwas wichtigtuerisch, als Kenner der Berliner Schule. Mozart nahm, wie auch andere Musiker, gern an seinen sonntäglichen Musikveranstaltungen teil, »wo nichts gespielt wurde als Händel und Bach«. Manche Werke, die ihn besonders beeindruckten, schrieb er für sich ab. Wie stets bei Mozart blieben die Nachwirkungen dieser Eindrücke nicht aus. Er bearbeitete Bachsche Fugen für Streichquartett, komponierte Präludien dazu und auch eigene kontrapunktische Werke für Klavier. Einmal schreibt er an Nannerl: »Hier schicke ich Dir ein Präludio und eine dreistimmige Fuge – das ist eben die Ursache, warum ich Dir nicht gleich geantwortet, weil ich wegen des mühsamen kleinen-Noten-schreibens nicht habe eher fertig werden können. Es ist ungeschickt geschrieben. Das Präludio gehört vorher, dann folgt die Fuge darauf. Die Ursache war aber, weil ich die Fuge schon gemacht hatte und sie, unterdessen daß ich das Präludium ausdachte, abgeschrieben.«

Mozarts Erklärung bestätigt, was mehrfach über seine Arbeitsweise berichtet worden ist. Er konnte ganze Werke im Kopf ausarbeiten und später, wie nach innerem Diktat, niederschreiben. In diesem Fall also die Fuge, während er sich gleichzeitig mit der Komposition des Präludio beschäftigte. Sein unglaublich sicheres Gedächtnis mag Naturanlage gewesen sein; die intensive Schulung in jungen Jahren hat es noch gesteigert und verfeinert. Die kontrapunktischen Studien wirkten sich vielfach aus, so später in den Gesängen der geharnischten Männer am Schluß der ›Zauberflöte‹ und im Requiem. Vor allem aber in den Quartettkompositionen der folgenden Jahre.

Ein schönes Beispiel von Wolfgangs Zartheit dem Vater gegenüber findet sich in einem Brief von ihm im März 1783: »... und was wir halt noch gerne haben möchten, wären einige von Ihren besten Kirchenstücken, mein liebster Vater; denn wir lieben uns mit allen möglichen Meistern zu unterhalten – mit alten und mit modernen.« Er wollte sie im Rahmen der Sonntagsmusiken des Herrn van Swieten zur Aufführung bringen.

Es ist anzunehmen, daß Leopold Mozart, der als Komponist ganz in den Hintergrund getreten war, seit er die geniale Begabung seines Sohnes erkannt hatte, von dieser Bitte tief berührt wurde.

Um diese Zeit trat Joseph Haydn, nicht nur wie bisher als verehrter Meister, sondern auch als verständnisvoller Kollege und väterlicher Freund in Wolfgangs näheren Umkreis. Er ist, neben Padre Martini, der einzige Musiker von Rang, dem Wolfgang mit Bewunderung und völliger Offenheit begegnete und der ihm in gleicher Weise entgegenkam. Begierig nahm Mozart alles auf, was ihm aus Haydns neuen Werken, vor allem seiner Kammermusik, zufloß.

»Von Haydn habe ich gelernt, wie man Streichquartette macht«, sagte er einmal.

Die Form des Streichquartettes, das sich nach und nach aus Divertimento und Serenade entwickelte, war damals noch im Werden. Sie hatte noch keine Tradition. Haydn schuf sie. Seine sogenannten ›Russischen Quartette‹ waren, wie er selber sagte, »auf eine neue besondere Art geschrieben«, in der jede einzelne Stimme zu völliger Selbständigkeit gelangte. In den Streichquartetten, die Mozart 1786 bei Artaria veröffentlichte, verschmelzen die empfangenen Anregungen mit seinem eigensten Stil. Es sind vielleicht seine persönlichsten Werke, Bekenntnisse ohne Worte. Ihre Wirkung blieb über Jahrhunderte hinweg lebendig, ja, sie steigerte sich ständig, denn die zeitgenössische Kritik nannte sie »verworren, unklar und zu stark gewürzt«. Mozart selber schätzte sie sehr hoch ein und widmete sie dem um 24 Jahre älteren Freund:

Meinem teuren Freund Haydn
Ein Vater, der beschlossen hat, seine Söhne in die große Welt

hinauszuschicken, glaubte, sie dem Schutze und der Leitung eines damals sehr berühmten Mannes anvertrauen zu müssen, der durch einen glücklichen Zufall noch dazu sein bester Freund war. Sieh, berühmter Mann und teuerster Freund, meine sechs Söhne. Sie sind – es ist wahr – die Frucht einer langen und mühsamen Arbeit, doch die Hoffnung, die mir mehrere Freunde machen, die Arbeit wenigstens zum Teil vergolten zu sehn, ermutigt mich und schmeichelt mir, daß diese Kinder mir eines Tages zu meinem Trost gereichen. Du selbst, teuerster Freund, hast mir während Deines letzten Aufenthaltes in dieser Stadt Deine Zufriedenheit bezeigt. Dieser Dein Beifall ermutigt mich vor allem, sie Dir anzuempfehlen, und läßt mich hoffen, daß sie Deiner Gunst nicht ganz unwürdig erscheinen werden. Es möge Dir also gefallen, sie gütig aufzunehmen und ihr Vater, Führer und Freund zu sein. Von diesem Augenblick an übergebe ich Dir meine Rechte über sie. Ich bitte Dich jedoch, mit Nachsicht die Fehler zu betrachten, die das parteiische Auge des Vaters mir verborgen haben mag, und ungeachtet derer Deine edle Freundschaft dem zu erhalten, der sie so sehr schätzt. Indessen bin ich von ganzem Herzen, teuerster Freund,

Dein aufrichtigster Freund
W. A. Mozart

Persönlich werden sich Haydn und Mozart nicht sehr häufig gesehen haben, da Haydn als Kapellmeister des Fürsten Esterhazy meist in Eisenstadt zu sein hatte und nur im Winter mit diesem für einige Monate Wien aufsuchte. Als Leopold Mozart sich bei seinem Sohn aufhielt, lernte er Haydn persönlich kennen. Wolfgang bewohnte damals das ehemalige Quartier des Baumeisters und Stukkateurs Camesina, das aus vier Zimmern, zwei Kabinetten und Nebengelaß bestand. In einem der Räume, die der frühere Inhaber mit schönen Stuckdecors geschmückt hatte, befand sich Wolfgangs Arbeitszimmer. Schon an seinem Ankunftstag erlebte Leopold Mozart ein Subskriptionskonzert seines Sohnes. Wolfgangs Vortrag eines neuen Klavierkonzertes, der Andrang und die Begeisterung der vornehmen Zuhörer beeindruckten ihn sehr. Er berichtete darüber eingehend an Nannerl; auch, daß jeder Teilnehmer für Wolfgangs sechs Fastenkonzerte 3 Dukaten bezahle, während ihn selber der Saal nur einen halben Souverändor koste. Er fährt fort:

»Am Samstagabend waren abends Herr Joseph Haydn und die zwei Barone Tindi bei uns, es wurden die neuen Quartetten gemacht. Herr Haydn sagte mir: Ich sage Ihnen vor Gott als ein ehrlicher Mann, Ihr Sohn ist der größte Komponist, den ich von Person und dem Namen nach kenne; er hat Geschmack und überdies die größte Kompositionswissenschaft!«

Am nächsten Tag wirkte Wolfgang bei einem Konzert im Theater mit. »Dein Bruder spielte ein herrliches Konzert. Ich war nur zwei Logen von der recht schönen Württembergischen Prinzessin entfernt und hatte das Vergnügen, alle Abwechslung der Instrumente so vortrefflich zu hören, daß mir vor Vergnügen die Tränen in den Augen standen. Als Dein Bruder wegging, machte ihm der Kaiser mit dem Hut in der Hand ein Kompliment hinab und schrie ›Bravo, Mozart!‹«

Leopold Mozart überwand sogar seinen einstigen Groll und besuchte die »Weberische«. Mit seinem Enkel, der damals ein halbes Jahr alt war, beschäftigte er sich viel. »Der kleine Carl sieht Deinem Bruder ganz ähnlich. Das Kind ist übrigens sehr angenehm, denn es ist ungemein freundlich und lacht, so oft mans anredet; ich habs erst ein einzigesmal ein bißchen weinen, aber gleich den Augenblick wieder lachen sehen.« An anderer Stelle heißt es dann: »Ich glaube, daß mein Sohn, wenn er keine Schulden zu bezahlen hat, jetzt 2000 Gulden in die Bank legen kann; das Geld ist sicher da, und die Hauswirtschaft ist, was Essen und Trinken betrifft, im höchsten Grade ökonomisch.«

›Wenn er keine Schulden zu bezahlen hat ...‹ Das aber war bei Mozart wohl fast immer der Fall. Seine Einnahmen gingen auch in guten Zeiten sehr unregelmäßig ein, die Noblessen verbrachten einen Teil des Sommers auf ihren Landsitzen, so daß in dieser Zeit die Lektionen ausfallen mußten. Die Einnahmen durch Konzerte waren nicht vorausberechenbar, auch verursachten diese manchmal erhebliche Unkosten.

Leopold Mozart erlebte bei seinem Besuch die beste, aussichtsreichste Zeit seines Sohnes. In den Räumen Schulerstraße 846 ist so manche bedeutende Musik erklungen. Hier hat Wolfgang mit Joseph Haydn musiziert, hier schrieb er Klavierkonzerte für seine Akademien und auch die c-moll-Sonate für Frau von Trattner. Hier hat ihm der sechzehnjährige Ludwig van Beethoven vorgespielt, der nach Wien gekommen war, um bei Mozart Unterricht zu nehmen. Er phantasierte über ein gegebenes Thema so genial, daß Mozart zu Freunden, die zufällig Zeugen wurden, sagte: »Auf den gebt acht, der wird in der Welt von sich reden machen.« Doch Beethoven mußte kurz danach nach Bonn zurückkehren. Fast zwei Jahre lang lebte der kleine, 1778 geborene Johann Nepomuk Hummel als »Wohnschüler«, der täglichen Unterricht genoß, bei den Mozarts. Er hing mit zärtlicher Liebe an seinem Lehrer und ist später ein bekannter Komponist und Pianist geworden. Und hier entstand vor allem ›Figaros Hochzeit‹.

Noch eine andere wichtige Beziehung wurde in der Schulerstraße angeknüpft: die zum Orden der Freimaurer. Ihre humanen Grundsätze gelangten in der Zeit der Aufklärung zu hoher Bedeutung. Äußere Gründe, etwa der Protektion, werden bei Mozart kaum mitgesprochen haben, als er der bescheidenen Loge Zur Wohltätigkeit beitrat und auch seinen Vater dazu bewog. Eher mag ihn der Wunsch bestimmt haben, durch die Zugehörigkeit zu diesem Orden geistige Kontakte zu knüpfen. Schon damals beschäftigten ihn häufig Gedanken an den Tod, wir können es nicht nur aus Briefen, auch aus manchen seiner Werke heraushören. Von den streng katholischen Glaubensformen seiner Kinderjahre hatte er sich im Laufe des Lebens entfernt. Seine tiefe Frömmigkeit bestand nicht im starren Einhalten von Vorschriften. Daß der Tod ein Bruder des Schlafes, ein Freund des Menschen sei, hatte die Aufklärung gelehrt. Die gleiche tröstliche Auffassung fand er im Freimaurertum. Neben einigen Kantaten und Chören für diesen Orden entstand in der Schulerstraße für verstorbene Ordensbrüder eines seiner ergreifendsten Werke, die ›Maurerische Trauermusik‹, eine Totenklage großen Stils.

Figaros Hochzeit – Don Giovanni

Der Wunsch, Opern zu schreiben, hatte Mozart nie verlassen. Die Aussichten auf einen Kompositionsauftrag für eine deutsche Oper, den er jahrelang erhoffte, waren allerdings stark gesunken. 1783 war die Teutsche National-Oper zunächst aufgelöst worden. Intrigen, Mangel an geeigneten Sängern, vor allem aber an brauchbaren deutschen Werken mochten die Ursachen sein. Doch nicht sie allein. Der Geschmack der Wiener war seit langem durch den italienischen Opernstil geprägt. Das hatte sich durch die enge Bindung an die Erblande, den Zustrom musikalischer Talente von dorther und die Bedeutung des italienischen Einflusses am Hof ganz selbstverständlich ergeben. Romanische Formfreudigkeit, Grazie und Brillanz dominierten. So war der einzige deutsche Opernauftrag, den Mozart noch vom Hof erhielt, eine Gelegenheitsarbeit anläßlich des Besuches des Statthalters der Niederlande.

Der ›Schauspieldirektor‹, wie der Text von Stephanie hieß, eine Komödie mit Musik, persiflierte witzig und treffend die Nöte eines Theaterleiters mit Komponisten, Primadonnen und Sängern. Nach der Uraufführung des Spiels in der Schönbrunner Orangerie veranlaßte man die hohen Gäste, ihre Stühle umzudrehen – und nun gelangte am entgegengesetzten Ende des Saales eine Opera buffa von Salieri zur Aufführung. Joseph II. schätzte diesen italienischen Komponisten ganz besonders; er wurde 1788 Hofkapellmeister und sein Einfluß in allen musikalischen Angelegenheiten war groß. Als geschickter Diplomat hielt er es mit dem ehrwürdigen, allgemein verehrten Gluck, während Mozart, auf Rat seines mißtrauischen Vaters, den persönlichen Umgang mit berühmten Kollegen mied. Zwischen Mozart und seinem erfolgreichen italienischen Gegenspieler bestand eine untergründige, nie ausgetragene Feindseligkeit, die später zu dem Gerücht führte, Salieri habe Mozart vergiftet.

Graf Rosenberg, der Intendant des Hoftheaters, riet Mozart, eine italienische Oper zu komponieren. »Ich habe leicht hundert – ja wohl mehr Bücheln durchgesehen, allein ich habe fast kein einziges gefunden, mit welchem ich zufrieden sein könnte. Wenigstens müßte da und dort vieles verändert werden. Und wenn sich schon ein Dichter mit diesem abgeben will, so wird er vielleicht leichter ein ganz neues machen. Und neu ist halt doch immer besser. Wir haben hier einen gewissen Abbate da Ponte...«

Nun tritt in Mozarts Leben wieder eine jener Persönlichkeiten auf, die einem Abenteurerbuch, einem Rührstück entnommen sein könnte. Nach dem finstren Erzbischof Colloredo, der ihn unterdrückte und demütigte, dem sauberen Herrn Thorwart aus der Familie der »Weberischen« nun also da Ponte. Mozart hatte ihn im Hause des Baron von Wetzlar kennengelernt, bei dem er mit Konstanze für kurze Zeit ein hübsches Quartier fand. Da Ponte hieß eigentlich Conegliano, war ein gebürtiger Jude aus dem Venetianischen und hatte den Namen da Ponte nach seinem Übertritt zum Katholizismus angenommen. Er begann zu schreiben, während er sich auf die Priesterweihen vorbereitete und wurde auf Grund einer gewagten politischen Satire ausgewiesen. Es machte ihm nichts, er war eine Abenteurernatur, skrupellos, begabt, eitel. Auf Umwegen kam er nach Wien, wurde kaiserlicher Theaterdichter und schrieb mit wechselndem Erfolg Opernbücher für italienische Komponisten, auch für Salieri.

Die Idee, ›Figaros Hochzeit‹ als Textgrundlage zu verwenden, stammte von Mozart. Es war eine bedenkliche Idee, da das Theaterstück wegen seines revolutionären Charakters von Joseph II. verboten worden war. Durch zahlreiche deutsche Übersetzungen war es jedoch längst allgemein bekannt und wurde von Kennern auch literarisch geschätzt. Da Ponte schildert in seinen ›Denkwürdigkeiten‹, mit welchem Geschick er dem Kaiser diesen Opernplan schmackhaft zu machen wußte:

»Joseph II.: Sie wissen, daß Mozart trotz aller guten Leistungen als Instrumentalmusiker bisher noch nichts für die Singstimme geschrieben hat.
Mit Ausnahme einer Oper.
Und an der war nicht so viel dran.

Lorenzo da Ponte schrieb mehrere Operntexte für Mozart

Auch ich würde ohne die Gnade des Kaisers nur *ein* Drama für Wien geschrieben haben.
Mag sein. Aber ich habe nun einmal den ›Figaro‹ meinen deutschen Schauspielern verboten.
Davon weiß ich. Allein ich habe bei der Umformung dieser Komödie in eine Oper ganze Szenen weggelassen, andere gekürzt, immer bestrebt, alles verschwinden zu machen, was Anstand und guten Geschmack verletzen könnte. Kurz, ich schmeichle mir, ein Werk daraus gebildet zu haben, nicht unwürdig eines Theaters, das unter dem allerhöchsten Schutz Seiner Majestät zu stehen die Ehre hat. Was aber die Musik anlangt: meinem bescheidenen Urteile nach scheint sie ein Meisterwerk zu sein.
Gut denn! Ich vertraue Ihrem Geschmack und Ihrer Umsicht. Sorgen Sie, daß die Partitur in Abschrift kommt!«

Darauf erhielt Mozart den Befehl, mit der Partitur in der Hofburg zu erscheinen. Er spielte dem Kaiser daraus vor, das Werk gefiel und wurde nun einstudiert. Bis zuletzt machten Intrigen von den verschiedensten Seiten dem Komponisten das Leben schwer. Salieri tat sich dabei besonders hervor. Er besaß, wie einer der Sänger sagte, »die Weisheit der krummen Wege«. Erst durch einen königlichen Befehl zur Aufführung wurden die unerquicklichen Kämpfe beendet.

Der Sänger des Basilio, Michael O'Kelly, berichtete: »Alle ersten Darsteller hatten den Vorteil, durch den Komponisten selbst unterwiesen zu werden, der seine Ansichten und seine Begeisterung auf sie übertrug. Nie werde ich sein kleines, belebtes Antlitz vergessen, wie es leuchtete, erglühend vom Feuer des Genius ... Ich erinnere mich, wie Mozart im roten Pelz und Tressenhut bei der ersten Generalprobe auf der Bühne stand und das Tempo angab. Benucci sang Figaros Arie ›Non più andrai‹ mit aller Kraft seiner Stimme. Ich stand dicht neben Mozart, der sotto voce wiederholt rief: bravo, bravo Benucci! Und als die schöne Stelle kam: Cherubino, alla vittoria, alla gloria militar, welche Benucci mit Stentorstimme sang, war die Wirkung auf alle, die Sänger auf der Bühne wie die Musiker im Orchester, eine wahrhaft elektrisierende. Ganz außer sich vor

Entzücken rief alles bravo! bravo! bravo maestro! viva! viva il grande Mozart! Im Orchester konnten sie kein Ende finden mit Klatschen, und die Geiger klopften mit dem Bogen auf die Notenpulte. Der kleine Mann sprach in wiederholten Verbeugungen seinen Dank für den enthusiastischen Beifall aus, der ihm auf so außerordentliche Weise ausgedrückt wurde.«

Der aufrührerische Charakter des Stückes hatte Mozart ebenso fasziniert wie da Ponte. Nur sah er ihn aus einem anderen Blickwinkel. Für ihn standen die menschlichen Probleme im Vordergrund; die Enttäuschungen, Ängste, Leidenschaften und Grotesken, die aufgerührt wurden, entsprachen den Enttäuschungen, Ängsten, Leidenschaften und Grotesken seines eigenen Lebens. Da Ponte reizte das gesellschaftliche Problem, die Schärfe der Auseinandersetzung, ihre schneidende Ironie. Bei Beaumarchais ist die überhebliche Selbstherrlichkeit des Grafen, der seiner Frau untreu ist und die Braut des Kammerdieners Figaro vor der Hochzeit verführen will, bereits Symptom einer Krise, an der alle anderen Konflikte gemessen werden. Figaros Anklage, die Empörung dieses listigen und gewitzten Vertreters des dritten Standes, treibt das Stück seinem Höhepunkt zu. An Stelle dieses politischen Angriffs setzte da Ponte nun geschickt Figaros Abrechnung mit den Weibern. So wurde der Stoff politisch entschärft und behielt doch seine knisternde Aktualität. Doch erst die Spannung der musikalischen Leidenschaften machte aus einem amüsant gepfefferten Lustspiel ein atemberaubendes Stück Leben. Mozart mag in diesem Stoff mühelos Parallelen zu eigenen Erlebnissen gefunden haben. Wenn Figaro im ersten Akt den Grafen mit untergründiger Drohung auffordert, mit ihm »ein Tänzchen zu wagen«, flammt etwas von der Empörung des jungen Salzburger Musikers auf, dessen berechtigte Wünsche mit einem Fußtritt quittiert worden waren. Wenn Cherubino, der Page, von unreifen Gefühlen überwältigt wird, mochte sich Mozart der eigenen knabenhaften Unerfahrenheit, der schmerzlichen Sehnsüchte seiner Mannheimer Zeit erinnern. Und in den bekenntnishaften Gesängen der Gräfin, vor allem in Susannes inniger »Rosenarie«, spiegelt sich die Reinheit eines Liebesempfindens wider, wie es das frivole Rokoko bis dahin nicht gekannt hat. Die Musik der ganzen Oper zehrt von Mozarts eigenstem Wesen.

Von der Uraufführung am 1. Mai 1786 berichtete O'Kelly, man habe nie »einen glänzenderen Triumph gefeiert, als Mozart mit seinem ›Nozze di Figaro‹«. Das Haus war gedrängt voll, viele Stücke mußten, auch in späteren Aufführungen, mehrmals wiederholt werden, so daß der Kaiser daraufhin eine grundsätzliche Einschränkung des da capo-Spielens verfügte. Trotzdem erlebte die Oper von Mai bis Dezember nur neun Aufführungen und bis zu Mozarts Tod insgesamt einundzwanzig Reprisen. Eine ausstrahlende Wirkung hatte der Wiener Erfolg nicht. Damals und noch lange danach galten seine Werke für »äußerst schwer zu exequieren«. Man warf ihm Unmäßigkeit in der Instrumentalbegleitung vor, »so daß unter einem Orchester von 36 Personen, wozu allein die Hälfte guter Bläser gehören, keine seiner Opern aufgeführt werden kann. Es erfordert vom 1. Violinisten bis zum Violoncellisten, vom 1. Flötenspieler bis zum 2. Trompeter fast durchweg Virtuosenkräfte und überhaupt herkulische Arbeit.« Die Gleichwertigkeit der Spieler, die er voraussetzte, war in den kleineren Orchestern, die zum großen Teil aus Liebhabern bestanden, nicht gegeben. Auch seine sinfonischen Werke wurden deshalb jahrelang »unwillig beiseite gelegt«.

Mozart mußte sich weiter um Lektionen und Subskriptionskonzerte bemühen. Als der Komponist Gyrowetz sich vor einer Italienreise von ihm verabschiedete, sagte Mozart: »Sie glücklicher Mann! Ach könnte ich mit Ihnen reisen, wie froh wäre ich! Sehen Sie, da muß ich jetzt noch eine Stunde geben, damit ich mir etwas verdiene!«

Kurze Zeit beschäftigte ihn eine Einladung nach England, die glänzende Aussichten verhieß. Der schöne Plan blieb unrealisierbar. Nicht zuletzt durch die Weigerung des Vaters, für diese Zeit Wolfgangs Kinder mit Bedienung bei sich aufzunehmen – selbstverständlich gegen Bezahlung. Statt dessen erreichten Mozart aus einer ganz anderen Gegend Zustimmung und echtes Verständnis für sein Schaffen, vor allem für ›Figaros Hochzeit‹: aus Prag. In Böhmen war die Musikpflege der Kirchen, Klöster, Dorfschulen und Privatkapellen schon lange vorbildlich. An natürlicher Begabung breiter Volksschichten fehlte es nicht; Prager Musikanten, vor allem Bläser, waren überall gesucht. Seit 1764 existierte in Prag eine stehende italienische Oper. Pasquale Bondini, seit 1783 mit der Leitung betraut, hatte Mozarts ›Entführung‹ aufführen lassen: »Von nun an war die Vorliebe der Böhmen für seine Werke entschieden. Die größten Kenner und Künstler unserer Vaterstadt waren auch Mozarts größte Bewunderer, die feurigsten Verkünder seines Ruhmes.«

Da das Ehepaar Duschek den ›Figaro‹ während seiner Entstehung in Wien kennengelernt und seine Bedeutung erkannt hatte, gelangte die Oper nun ebenfalls in Prag zur Aufführung und wurde fast ohne Unterbrechung den Winter hindurch gespielt.

»Der Enthusiasmus, den sie bei dem Publikum erregte, war bisher ohne Beispiel; man konnte sich nicht genug daran satt hören. Sie wurde bald in einen guten Klavierauszug gebracht, in blasende Partien, ins Quintett für Kammermusik, in teutsche Tänze verwandelt, kurz Figaros Gesänge widerhallten auf den Gassen, in Gärten, ja selbst der Harfenist bei der Bierbank mußte sein ›non più andrai‹ ertönen lassen, wenn er gehört werden wollte.« So Niemetschek. Zu Weihnachten 1787 erhielt Mozart vom Orchester und »einer Gesellschaft großer Kenner und Liebhaber« die Einladung, nach Prag zu kommen, um die Aufführung Bondinis anzuhören. Am 11. Januar traf er mit Konstanze in Prag ein und wurde vom Grafen Johann Joseph Thun, den er von Wien her kannte, gastlich aufgenommen. Die folgenden Wochen schenkten ihm das Glück vollständiger künstlerischer Anerkennung und freundschaftlicher Zuneigung.

Gottfried von Jacquin, dem Sohn des Botanikers, mit dessen Familie Mozart eng befreundet war, beschreibt er einen Prager Ball, bei dem er zuschaute, »wie alle diese Leute auf die Musik meines ›Figaro‹, in lauter Contretänze und Teutsche verwandelt, so innig vergnügt herumsprangen; denn hier wird von nichts gesprochen als von – Figaro, nichts gespielt, geblasen, gesungen und gepfiffen als – Figaro, keine Oper besucht als – Figaro und ewig Figaro; gewiß große Ehre für mich.«

Als sich während einer Aufführung der Oper wie ein Lauffeuer die Nachricht von der Anwesenheit des Komponisten verbreitete, klatschte ihm das ganze Publikum Beifall und Willkommen zu, und wenige Tage später dirigierte er sein Werk selber, von überschwenglichem Beifall belohnt. Zwischendurch gab er im Theater ein Konzert, an dessen Schluß sein freies Fantasieren Stürme der Begeisterung auslöste. Mozart mußte zum drittenmal auf dem Podium erscheinen. Stiepanek, der böhmische Übersetzer des Figaro-Textes, berichtet: »Innige Zufriedenheit über die enthusiastische Anerkennung seiner Kunst strahlte aus seinem Antlitz. Er begann zum dritten Male mit erhöhter Begeisterung und leistete Unerhörtes, als auf einmal aus der totenstummen Menge eine laute Stimme rief: ›aus ›Figaró!‹ Mozart begann darauf mit dem Motiv der Lieblingsarie ›Non più andrai‹, ›Dort vergiß leises Flehen‹, spielte ein Dutzend wunderbarer Variationen aus dem Stegreif und endete unter dem rauschendsten Jubel.«

Das Beste aber war: Bondini schloß mit Mozart einen Vertrag für eine neue Oper ab, für die er 100 Dukaten erhalten sollte. Das war um so wichtiger, als Mozart inzwischen in Wien als Opernkomponist ins Hintertreffen geraten war. Die italienische Lieblingsoper des Publikums in diesem Frühjahr hieß ›Cosa rara‹, sie hatte ›Figaros Hochzeit‹ übertrumpft; Dittersdorf mit seinem kleinbürgerlich-witzigen ›Doktor und Apotheker‹ war zum gefeiertsten Komponisten des wieder auflebenden deutschen Singspiels geworden. Auch auf instrumentalem Gebiet wurde Mozart von Musikern, deren Namen man heute kaum noch kennt, der Rang abgelaufen. So konnte man z. B. in ›Cramers Magazin der Musik‹ lesen: »Kozeluchs Arbeiten erhalten sich und finden allenthalben Eingang, dahingegen Mozarts Werke durchgehends nicht so ganz gefallen. Wahr ist es auch, und seine Haydn dedizierten Quartette bestätigen es aufs neue, daß er einen entschiedenen Hang für das Schwere und Ungewöhnliche hat. Aber was hat er auch große und erhabene Gedanken, die einen kühnen Geist verraten!«

Jener Weg, den der jugendliche Mozart in Salzburg betreten hatte, war zu seinem Schicksalsweg geworden. Was in den Streichquartetten, Quintetten und sinfonischen Werken der letzten Jahre immer deutlicher vernehmbar wurde – die innere Stimme eines Künstlers, der keine Kompromisse schließt – prägte nun auch die neue Oper für Prag.

Die Idee, ›Don Giovanni‹ – oder ›Don Juan‹ –, den großen spanischen Frauenverführer, in den Mittelpunkt des Werkes zu stellen, stammte von da Ponte. Er folgte bei der Gestaltung des Textes den verschiedensten Vorgängern. Doch ob Tirso di Molina, Molière oder Bartati Pate standen: die entscheidende Prägung erhielt ›Don Giovanni‹ zweifellos vom Komponisten selber. Mozart nannte sein Werk »Dramma giocoso«, heiteres Drama, und ließ dem Höllensturz des Helden ein Schluß-Sextett in diesem Sinne folgen. Doch mit dem »plaisir physique« der Barockoper hatte ›Don Giovanni‹ nichts mehr gemein. Die neue Oper paßte in keine der bekannten Schablonen. Sie war ein musikalisches Abbild menschlicher Leidenschaft, Infamie und Größe, eine Verschmelzung von tragischen und komischen Elementen, dargestellt am Schicksal einer Menschengruppe, die auf Gedeih und Verderb miteinander verbunden ist. Die Schärfe der Auseinandersetzung spiegelt sich in den grellen Gegensätzen der Musik. Sie umfaßt alle menschlichen Sphären: das dämonische Lebensgefühl Don Giovannis, das in seiner Steigerung selbst vor dem Untergang nicht zurückschreckt, die zarten, verzweifelten, sehnsüchtigen oder koketten Liebesäußerungen der Frauen, Witz und groteske Bosheit des Dieners Leporello, schließlich den ehernen Ernst des Komturs, den Don Giovanni getötet hat und dessen Ruf aus dem Jenseits er zuletzt erliegt.

Wie üblich komponierte Mozart nur Teile der Oper vorher. Zahlreiche wichtige Partien konnten erst in Zusammenarbeit mit dem Prager Ensemble entstehen. Pasquale Bondini hatte ihn im Gasthof Bei drei goldenen Löwen untergebracht, und als später da Ponte ebenfalls nach Prag kam, wurde er gegenüber, im Haus Zum Plätteis, einquartiert. Textautor und Komponist konnten sich daher über die Straße hinweg miteinander unterhalten. Mozart arbeitete jedoch am liebsten im Weingarten Bertramka, dem Sommerhaus seiner Freunde Duschek. Carl Mozart hat als kleiner Junge nach dem Tode seines Vaters einige Zeit in Prag gelebt und gab später eine Beschreibung des idyllischen Fleckchens:

» Mit verbundenen Augen würde ich auch immer jetzt noch – nach 59 Jahren – den Weg dahin nicht verfehlen. Auch vom Hause selbst ist mir jedes Zimmer, sowie vom Garten jeder kleinste Fleck im Gedächtnis erhalten. Im Garten – auf der linken Seite – zuerst ein kleines Blumenparterre und weiterhin ein von Obstbäumen bebüschter, in Anhöhe sich erhebender Spazierweg; auf der rechten Seite ein geräumiges Bassin, sodann das Glashaus, das ich habe aufbauen sehen; und endlich der zur Agrikultur verwendete Berg, von dessen Höhe man auf den Friedhof blickt und auf dessen Gipfel sich ein Pavillon befindet.«

In diesem Pavillon hat Mozart oft gearbeitet. Er genoß die heitere, sorgenfreie Atmosphäre dieses Hauses auch nach der Uraufführung noch einige Wochen hindurch. In dieser Zeit geschah es, daß Josefa den Komponisten, der ihr vor längerer Zeit eine Arie versprochen hatte, einmal im Gartenhäuschen einsperrte. Sie rief ihm zu, daß sie ihn nur gegen eine fertige Arie wieder freilassen würde. Mozart schrieb darauf die dramatische Szene ›Bella mia fiamma‹ – die er vermutlich im Kopf schon fertig mit sich herumtrug – in einem Zuge nieder. Danach erklärte er Josefa: Nur, wenn sie die Arie vom Blatt weg richtig singen könne, bekäme sie das Manuskript!

Die Einstudierung der neuen Oper zog sich hin. Mozart berichtete darüber an Gottfried von Jacquin: »– da die Truppe klein ist, muß der Impresario immer in Sorge leben und seine Leute so viel als möglich schonen, damit er nicht durch eine unvermutete Unpäßlichkeit in die unter allen allerkritischste Lage versetzt wird, kein Spektakel geben zu können!«

Mit den Sängern gab es, wie fast immer, allerhand Schwierigkeiten. Der Darsteller des Don Giovanni – er war erst zweiundzwanzig Jahre alt und spielte die Rolle bartlos – beschwerte sich , daß er keine große Arie zu singen habe. Die berühmte Champagner-Arie wurde von ihm offenbar nicht als eine solche angesehen. Mozart soll daraufhin ihm zuliebe das berühmte Duett »Reich mir die Hand, mein Leben« komponiert haben. Mit den Darstellern studierte er jede einzelne Rolle selber ein. »Da nun bei der ersten Probe dieser Oper im Theater die Signora Bondini als Zerline, zu Ende des ersten

Aktes, da, wo sie von Don Juan ergriffen wird, nach mehrmaliger Wiederholung nicht gehörig und im wahren Augenblick aufzuschreien vermochte, so verließ Mozart das Orchester, ging auf die Bühne, ließ die Szene noch eimal wiederholen und wartete den Augenblick ab, packte die Bondini dann so schnell und gewaltsam, daß sie vor Schreck aufschrie. ›So ists recht!‹ rief er zufrieden. ›So muß man schreien!‹«

Über die Entstehung der Ouvertüre wird berichtet: »Den vorletzten Tag vor der Aufführung, als die Hauptprobe vorbei war, sagte Mozart abends zu seiner Frau, er wolle nachts die Ouvertüre schreiben; sie möge ihm ein Punscherl brauen und bei ihm bleiben, um ihn munter zu erhalten. Sie tats und erzählte ihm, nach seinem Wunsche, lustige Geschichten, so von Aladins Lampe, vom Aschenbrödel u. a. m., worüber der Meister zu Tränen lachte. Der Punsch machte ihn aber so schläfrig, daß er einnickte, wenn sie aufhörte, und immer erst wieder zu arbeiten begann, wenn Konstanze von neuem etwas erzählte. Da dabei die Arbeit gar nicht vorwärts gehen wollte, bat ihn seine Frau, er solle auf dem Kanapee ein Schläfchen machen, und versprach ihm, ihn nach einer Stunde zu wecken. Mozart schlief aber so fest ein, daß es Konstanze nicht übers Herz brachte, ihn zu wecken und es erst nach zwei Stunden tat. Das war um 5 Uhr früh. Um 7 Uhr war der Kopist bestellt, und um 7 Uhr war die Ouvertüre auch zu Papier gebracht.«

Diese und ähnliche Erzählungen über die Entstehung zeigen, daß Mozart die Partitur im Kopf schon ausgearbeitet hatte und fast fertig mit sich herum trug. Das Niederschreiben war für ihn fast nur noch ein mechanischer Vorgang.

Kurz vor der Premiere ging Mozart mit dem Kapellmeister Kucharz spazieren. Ihr Gespräch kam auf die neue Oper.

»Mozart sagte: Was halten Sie von der Musik zum Don Juan? Wird sie so gefallen wie Figaro? Sie ist von einer anderen Gattung!

Kucharz: Wie können Sie daran zweifeln? Die Musik ist schön, originell, tief gedacht. Was von Mozart kommt, wird den Böhmen bestimmt gefallen.

Mozart: Ihre Versicherung beruhigt mich, sie kommt von einem

Kenner. Aber ich habe mir Mühe und Arbeit nicht verdrießen lassen, für Prag etwas Vorzügliches zu leisten. Überhaupt irrt man, wenn man denkt, daß mir meine Kunst leicht geworden ist. Ich versichere Sie, lieber Freund, niemand hat so viel Mühe auf das Studium der Komposition verwendet als ich. Es gibt nicht leicht einen berühmten Meister in der Musik, den ich nicht fleißig, oft mehrmals, durchstudiert hätte.«

Am 29. Oktober fand die Uraufführung im Prager National-Theater statt. Mozart dirigierte selber, und als er ins Orchester trat, wurde ihm »ein dreimaliger Jubel« gegeben. Er selber schreibt seinem Wiener Freund Jacquin:

»Liebster, bester Freund! Ich hoffe, Sie werden mein Schreiben erhalten haben. Den 29. Oktober ging meine Oper ›Don Giovanni‹ in scena, und zwar mit dem lautesten Beifall. Gestern wurde sie zum 4. Mal (und zwar zu meinem Benefiz) aufgeführt ... Unter uns: Ich wollte meinen guten Freunden wünschen, daß sie nur einen einzigen Abend hier wären, um Anteil an meinem Vergnügen zu nehmen! – Vielleicht wird sie doch in Wien aufgeführt, ich wünsche es. Man wendet hier alles mögliche an, um mich zu bereden, ein paar Monate noch hier zu bleiben und noch eine Oper zu schreiben; ich kann aber diesen Antrag, so schmeichelhaft er immer ist, nicht annehmen.«

Mitte November war Mozart wieder in Wien, am 15. 11. 1787 starb Gluck. Sicher war es der große Prager Erfolg, der Joseph II. bestimmte, nun Mozart zum Kammermusiker zu ernennen. Gluck hatte ein Gehalt von 2000 Gulden bezogen, Mozart erhielt 800. Aber es war eine Bestätigung seiner Leistung und mag in dem immer optimistischen Mann neue Zukunftshoffnungen geweckt haben. Die Aufführung des ›Don Giovanni‹ in Wien im Mai 1788 hatte jedoch keinen großen Erfolg. Mozart erhielt, da er einige Änderungen hatte vornehmen müssen, hier nochmals 100 Gulden. Die Oper wurde zu Mozarts Lebzeiten in verschiedenen deutschen Städten gegeben, meist in deutscher Übersetzung. Tantiemen dafür erhielt er nicht. Erst im Laufe des 19. Jahrhunderts setzte sich das Werk allgemein durch. Don Juan und Leporello wurden zu volkstümlichen Figuren wie Faust und Mephisto, Wilhelm Tell oder Peer Gynt. Die Figur des

Don Juan ist in zahllosen Gestaltungen berühmter Dichter, von Molière und Goldoni bis zu Ödön von Horváth und Max Frisch, dem Theater überliefert worden. Die mächtigste, die, an die jeder sogleich denken muß, wenn der Name Don Juan fällt, stammt von Mozart.

Das Jahr des ›Don Giovanni‹ war für Mozart zugleich das Todesjahr des Vaters. Wenn sich auch die ursprüngliche innige Verbundenheit nie mehr hergestellt hatte, so hing Wolfgang doch sehr an ihm und hielt ihn über seine künstlerischen Pläne stets auf dem laufenden. Anfang April schrieb er einen merkwürdig ahnungsvollen Brief an den Vater, als wüßte er innerlich bereits, was sich bald vollziehen sollte:

»Diesen Augenblick höre ich eine Nachricht, die mich sehr niederschlägt – um so mehr als ich aus Ihrem Letzten vermuten konnte, daß Sie sich, Gott Lob, recht wohl befinden; nun höre ich aber, daß Sie wirklich krank seien! – Wie sehnlich ich einer tröstenden Nachricht von Ihnen selbst entgegen sehe, brauche ich Ihnen doch wohl nicht zu sagen; – und ich hoffe es auch gewiß – obwohl ich es mir zur Gewohnheit gemacht habe, mir immer in allen Dingen das Schlimmste vorzustellen. Da der Tod, genau zu nehmen, der wahre Endzweck unseres Lebens ist, so habe ich mich seit ein paar Jahren mit diesem wahren besten Freunde des Menschen so bekannt gemacht, daß sein Bild nicht alleine nichts Schreckendes mehr für mich hat, sondern recht viel Beruhigendes und Tröstendes ... ich lege mich nie zu Bette, ohne zu bedenken, daß ich vielleicht, so jung als ich bin, den andern Tag nicht mehr sein werde – und es wird doch kein Mensch von allen, die mich kennen, sagen können, daß ich im Umgang mürrisch oder traurig wäre – und für diese Glückseligkeit danke ich alle Tage meinem Schöpfer und wünsche sie von Herzen jedem meiner Mitmenschen.«

Im Tagebuch des Dominikus Hagenauer, zu dessen Primiz der dreizehnjährige Wolfgang eine Messe geschrieben hat, findet sich folgende Eintragung:

»Pfingstmontag 1787 starb der hiesige Vicekapellmeister Leopold Mozart, der Salzburg mit seinen zwei Kindern vor etwa 20 Jahren besondere Ehre gemacht hat. Der heut verstorbene Vater war ein Mann von vielem Witz und Klugheit und würde auch außer Musik dem Staat gute Dienste zu leisten vermögend gewesen sein. Seiner Zeit war er der regelmäßigste Violinist, von welchem seine zweimal aufgelegte Violinschule Zeugnis gibt. Er war in Augsburg geboren, brachte seine Lebenstage meistens in hiesigen Hofdiensten zu, hatte aber das Unglück, hier immer verfolget zu werden, und war lang nicht so beliebt wie in anderen größten Orten Europens.«

Seit Wolfgangs Eheschließung hatte die geschwisterliche Freundschaft zwischen Wolfgang und Nannerl an Intensität eingebüßt. Auch der Besuch des Ehepaars 1783 in Salzburg änderte daran nichts. Als nach dem Tode des Vaters Konflikte wegen der Erbschaft zwischen den Geschwistern entstanden, erkalteten ihre Beziehungen noch mehr als bisher.

Im September 1787 erlebte Wolfgang einen weiteren Verlust, der ihm sehr naheging. Sein Salzburger Jugendfreund und in Wien seit einiger Zeit auch Hausarzt, Dr. Sigmund von Barisani, starb im Alter von nur 29 Jahren. Mozart schrieb auf ein Albumblatt des Freundes, das ihm dieser erst im April 1787 gewidmet hatte:

»Heute am 3. September dieses nämlichen Jahres war ich so unglücklich, diesen edeln Mann, liebsten besten Freund und Erretter meines Lebens ganz unvermutet durch den Tod zu verlieren. Ihm ist wohl! Aber mir – uns – und allen, die ihn genau kannten – uns wird es nimmer wohl werden – bis wir so glücklich sind, ihn in einer bessren Welt – wieder – und auf nimmerscheiden – zu sehen.«

Sehnsucht nach dem Frühling

Weder die großen Erfolge in Prag noch die Ernennung zum Kammermusikus mit festem Gehalt vermochten Mozarts Situation entscheidend zu bessern. Schon im Frühjahr 1787 hatte er die schöne Wohnung in der Schulerstraße aufgeben müssen. Das sehr viel bescheidenere Quartier in der Vorstadt, Landstraße 224, besaß jedoch zwei Vorzüge. Mozart konnte sich im Garten seinem geliebten Kegelspiel widmen und wohnte außerdem in unmittelbarer Nähe seiner Freunde Jacquin. Nikolaus Joseph von Jacquin war Direktor des Botanischen Gartens. Er führte ein sehr geselliges Haus und hat sich Verdienste um die gärtnerische Anlage von Schönbrunn erworben. Sein Sohn Joseph Franz unterstützte ihn in der Arbeit, Gottfried, der jüngere, »ein lebhafter gebildeter Geist«, nahm regen Anteil an Mozarts Schaffen. Er komponierte auch selber und besaß eine hübsche Stimme. Für die Geschwister Jacquin entstand aus einer lustigen Alltags-Situation heraus das sogenannte Bandl-Terzett. Den Text dazu: »Liebes Manndl, wo ist's Bandl?« hatte Wolfgang selber gedichtet. Bei der Uraufführung des ›Kegelstatt-Trios‹ mit Bratsche und Klarinette spielte Gottfrieds Schwester Franziska den Klavierpart. Sie war eine Lieblingsschülerin von Mozart, der das reizende Kaviertrio offenbar während einer gemeinsamen Kegelpartie zu Papier gebracht hat.

In der Landstraße entstand auch eines seiner schönsten Lieder: die ›Abendempfindung‹, die in ihrer lyrischen Wehmut schon auf Schubert hinweist. Sonst spielte die Liedkomposition in jener Zeit noch keine große Rolle; Lieder galten als anspruchslose Hausmusik. Nur ein einziges Mal griff Mozart zu einem dichterisch bedeutenden Text, als er Goethes ›Veilchen‹ vertonte. Er hatte die Verse offenbar durch einen Zufall entdeckt. Denn wesentliche Werke von Goethe und Schiller waren ihm kaum, oder doch nur oberflächlich bekannt.

Anfangstakte der Kleinen Nachtmusik in Mozarts Handschrift

In der Landstraße ist Mozarts berühmteste Serenade für Streicher entstanden: ›Eine kleine Nachtmusik‹. Und im Garten dieser Wohnung begrub er im Juni 1787 den »Vogel Starl«, der ein Thema eines Klavierkonzertes mit einer lustigen Abänderung pfeifen konnte. »Das war schön!« schrieb er unter das Vogel-Motiv und widmete dem kleinen Liebling folgenden Nachruf:

Hier ruht ein lieber Narr,
Ein Vogel Star.
Noch in den besten Jahren
Mußt er erfahren
Des Todes bittern Schmerz.
Mir blut' das Herz,
Wenn ich dran gedenke,
O Leser! schenke
Auch Du ein Tränchen ihm.
Er war nicht schlimm;
Nur war er etwas munter,
Doch auch mitunter,
Ein lieber loser Schalk,
Und drum kein Dalk.
Ich wett, er ist schon oben,
Um mich zu loben
Für diesen Freundschaftsdienst
Ohne Gewinnst.
Denn wie er unvermutet
Sich hat verblutet
Dacht er nicht an den Mann
Der so schön reimen kann.

Mozart

Wolfgang war, wie die ganze Familie Mozart, ausgesprochen tierlieb. Als er 1770 mit dem Vater Italien bereiste, erkundigte er sich bei Nannerl einmal, wie es »dem Herrn Kanari« gehe. »Singt er noch, pfeift er noch? Weißt Du, warum ich auf den Kanari denke?

Weil in unserm Vorzimmer einer ist, welcher ein Gseis macht, wie unserer.« Jahrelang war Pimperl, eine kleine Foxhündin, der besondere Liebling der Familie. Wolfgangs Interesse an dem Tierchen muß groß gewesen sein, denn noch nach Mannheim schreibt der Vater an den zweiundzwanzigjährigen Wolfgang: »Die Miß Pimpes lebt noch immer in der Hoffnung und stehet und sitzet halbe Stundenweis bei der Tür und glaubet, sie werden alle Augenblicke kommen.« Selbst von Wien aus fragt Mozart noch manchmal nach dem Pimperl. Von klein auf war Wolfgang anhänglich und treu. Als Siebenjähriger erkundigte er sich von unterwegs angelegentlich »wie es dem Klavierl« gehe, und auf der großen Fahrt nach Paris weinte er einmal beim Erwachen heftig, weil er die Salzburger Freunde nicht mehr sehen könne. In einem Brief des Vierzehnjährigen aus Bologna steht der rührende Satz: »Alle Posttage, wenn die deutschen Briefe kommen, schmeckt mir das Essen und Trinken viel besser.« An dem Kreis der Salzburger Freunde nahm er bis zuletzt brieflichen Anteil, und wenn er sich über deren Eigentümlichkeiten oder Schwächen lustig machte, geschah es stets mit zärtlicher Ironie.

Ein Verhältnis zur Natur in unserem Sinne kannte man damals noch nicht. Die Natur war Kostüm, Kulisse, man liebte das Gartenhafte, Gezähmte; es ist bezeichnend, daß der vierzehnjährige Wolfgang Bozen »ein Sauloch« nannte und wir von der sicher grandiosen Fahrt über die winterlichen Alpen nichts weiter erfahren. Erst in den letzten Jahren seines Lebens regt sich in Mozart der Wunsch, im Freien, in Naturnähe arbeiten zu können. Er hat das in Prag im Gartenhäuschen der Bertramka und zuletzt in Schikaneders Gartenpavillon getan. »Es ist ein albernes Ding, daß wir unsere Arbeiten auf der Stube aushecken müssen«, soll er einmal zu Konstanze gesagt haben.

Etwas von dieser Sehnsucht nach der unmittelbaren Begegnung mit der Natur wird in manchen späteren Werken spürbar. Am schönsten wohl in der ›Rosenarie‹ der Susanne im ›Figaro‹. Da ist, in wenigen einleitenden Takten, der ganze Zauber einer linden Sommernacht eingefangen. Auch in einigen Sätzen seiner Serenaden, nicht zuletzt in seiner kleinen Nachtmusik, bleibt die Natur nicht nur Kulisse. Sie steht in engster Beziehung zum Menschen, bildet die Atmosphäre, in der er atmet und lebt.

Merkwürdig und für unser heutiges Empfinden nur schwer verständlich ist, daß Mozart, der ein so empfindliches Ehrgefühl besaß, der sich in seinem persönlichen Leben leidenschaftlich gegen jede »Lakaieneinschätzung« des Künstlers zur Wehr setzte und Wert darauf legte, von den Noblessen als ihresgleichen behandelt zu werden, sich für die politische Entwicklung seiner Zeit offenbar überhaupt nicht interessierte. Wie geschliffen, wie scharf und pointiert ist seine Menschendarstellung in ›Figaros Hochzeit‹, diesem brisanten Stück Gesellschaftskritik! Offenbar hat er die untergründigen Pariser Stimmungen des Jahres 1778 haargenau in sich aufgenommen, obwohl er damals durch sein eigenes schweres Schicksal vollkommen in Anspruch genommen wurde. Doch als es 1789 zur Revolution kommt, als die blutigen Ereignisse die europäischen Länder in Angst, Aufregung, lähmendes Entsetzen und Erschütterung versetzen, da äußert sich Mozart mit keinem Wort, keinem Werk. Im Gegensatz zu seinem Vater war er absolut unpolitisch. Es ging ihm nie um Entscheidungen, die die Allgemeinheit betrafen, sondern stets um menschliche. Leidenschaft, Krankheit, Tod und existentielle Bedrohung: das alles war ihm vertraut. Das alles hatte er erfahren. Ob ein Konvent besser regieren würde als Kaiser und König, interessierte ihn nur mäßig. Das waren Realitäten, die er ebenso wenig beurteilen konnte wie diejenigen seines eigenen Lebens.

Und dann war da auch noch etwas anderes. Mozarts Leben bewegte sich an der Scheidelinie sich wandelnder Gesellschaftsformen: Absolutismus, Aufklärung, Revolution, der die Restauration folgte. Die Künstler seiner Generation fügten sich noch widerspruchslos dem höfischen Auftrag. Viele fuhren nicht schlecht dabei, z. B. Joseph Haydn. Auch Mozart hatte es getan – bis zum Fußtritt des Grafen Arco. Von da an strebte er nach Selbständigkeit. Das geschah zwar noch im Rahmen des damals üblichen Auftragswesens, war aber doch schon ein Schritt hin zum ›freischaffenden

Künstler‹. Seine musikalisch persönlichsten Werke, die großen Quartette und die drei letzten Sinfonien, schrieb er ohne äußere Veranlassung, im eigenen inneren Auftrag. Als ihm der Musikhändler Hofmeister einmal bedeutete, er solle sich in seinen Klavierkompositionen doch mehr dem Geschmack des Publikums anpassen, äußerte Mozart, er verhungere lieber, als daß er gegen sein Ideal arbeite. Das Schicksal nahm ihn beim Wort. Er hat das Martyrium späterer Künstlergenerationen im voraus erleiden müssen. Zwar bewegte er sich mit der Sicherheit eines Mannes, der seinen Wert kennt, zwischen den adligen Kunstfreunden, und was ihm von diesen zugebilligt wurde – menschliche und künstlerische Anerkennung – nahm er dankbar hin. Aber er forderte nichts! Hierin liegt der große Unterschied zum Verhalten Beethovens. Ludwig van Beethoven war vierzehn Jahre jünger. Was Mozart erst als unwirkliche Vision vor sich sah, wandelte sich im Leben Beethovens zur Realität.

Echtes Verständnis für seine Musik wurde Mozart in den Kreisen des geistigen Wien, von den Jacquins, Gottfried van Swieten und der Kavaliersgesellschaft zur Pflege klassischer Musik, von den Schauspielern, Sängern, Komponisten und Dichtern der Josephinischen Epoche zuteil. Ein engerer Kontakt bestand nur mit der Familie von Jacquin. Gesellschaftlicher Verkehr mit anderen Mitgliedern dieses Kreises ehrlicher Bewunderer fand kaum statt. Das mag zum Teil an Konstanze gelegen haben. Sie war von Hause aus halbgebildet, ihr Interesse erstreckte sich nur auf Mozarts Musik und ihre Erfolge. Seiner gesellschaftlichen Entwicklung konnte sie ebenso wenig folgen wie seiner geistigen. Auch war sie während ihrer sechs Schwangerschaften mehrmals krank und mußte die Kur in Baden bei Wien gebrauchen. Ihre auffallend häufigen, oft mehrere Wochen währenden Kuraufenthalte machen den Eindruck einer Art Flucht. Flucht vor den unlösbaren wirtschaftlichen Problemen, der von ihr offenbar nicht zu meisternden Unordnung in den Lebensumständen Wolfgangs. In solchen Zeiten lebte er als schlecht versorgter Junggeselle allein in Wien, von 1787 an in nie abreißender finanzieller Not.

Die Jahre nach ›Figaro‹, nach ›Don Giovanni‹ waren mühsame, enttäuschende Jahre für ihn. Auch diese eindeutigen Erfolge blieben kurzatmig, zogen keine spürbaren Konsequenzen nach sich. Er mag damals oft an die Worte des Grafen Arco gedacht haben, der ihn seinerzeit so sehr warnte, das Salzburger Amt aufzugeben: »Glauben Sie mir, Sie lassen sich hier zu sehr verblenden; hier dauert der Ruhm eines Menschen zu kurz – nach etwelchen Monaten wollen die Wiener wieder etwas Neues.«

Von der Landstraßenwohnung waren die Mozarts wieder in die Stadt gezogen, im Juni 1788 dann noch einmal in die Vorstadt. Die Miete im Haus zu den 3 Sternen war wohlfeil, und auch hier gab es einen Garten. In wenigen Sommermonaten komponierte Wolfgang seine letzten drei Sinfonien, in Es-dur, g-moll und C-dur. Er hat sie nie gehört! Ein Subskriptionskonzert, in dem sie aufgeführt werden sollten, erweckte kaum Interesse und fand daher nicht statt. Man erinnert sich der Worte, die Mozart aus Wien einmal seinem Vater schrieb: »Aber was wollen Sie? Das Mittelding, das Wahre in allen Sachen, kennt und schätzt man jetzt nimmer. Um Beifall zu erhalten, muß man Sachen schreiben, die so verständlich sind, daß es ein Fiakerkutscher nachsingen könnte, oder so unverständlich, daß es ihnen gerade deswegen gefällt, weil es kein vernünftiger Mensch verstehen kann.« Heute sind diese Sinfonien die am häufigsten aufgeführten von Mozart. Die frühesten, Früchte der Salzburger, der italienischen und französischen Studien, werden nur selten herangezogen. Die ›Haffner‹-, ›Linzer‹ und ›Prager Sinfonie‹, auch die in Paris entstandene, kann man öfter hören. Doch erst in diesen letzten dreien schließt sich der Kreis. Sie sind, wie die schönsten seiner Kammermusikwerke, vom Hauch der Ewigkeit gestreift.

In der Landstraße schrieb Mozart Kammermusik für Freunde und Schüler und komponierte das Es-dur-Streichtrio mit seinen sechs Sätzen, eine späte Variante des Divertimento-Gedankens. Es ist mit einem Namen verknüpft, der von nun an immer häufiger in Mozarts Briefen auftaucht, dem des Logenbruders und Kaufmanns Michael Puchberg. Ihm ist das Werk gewidmet. Wenn Mozarts finanzielle

Situation den Rand des Ruins streifte, wenn er nicht mehr aus noch ein wußte, wandte er sich an Puchberg. Er half immer, zunächst mit kleineren, später auch mit großen Summen, so daß nach Mozarts Tod eine Forderung von 1000 Gulden bestand. Der Gläubiger hat sich nicht gemeldet, um Konstanze und ihre Kinder nicht zu belasten. Er ist der einzige, vollständig uneigennützige Helfer gewesen in Mozarts schwersten Jahren. Den adligen Gönnern hat er nie etwas von seinen drückenden Sorgen offenbart, ebenso wenig seiner Schwester. Daran hinderte ihn sein Stolz. Als Nannerl nach seinem Tod davon erfuhr, kamen ihr die Tränen. Sie schrieb an Breitkopf und Härtel, daß sie erst jetzt »mit der traurigen Lage, in der sich mein Bruder befand, bekannt wurde«.

Mozarts letzter Auftrag, eine heitere Oper zu schreiben, kam 1790 vom Hof. Da Ponte, wieder sein Textdichter, schlug ›Cosi fan tutte‹ vor. ›So machen es alle‹, ein echtes Buffa-Thema, mit Posseneffekten und dem leichtfertigen Spiel zweier Kavaliere mit der Treue ihrer Verlobten. (Angeblich soll ein wirklicher Vorfall die Idee zu dieser Komödie geliefert haben.) Mozart schrieb eine federleichte, spritzige, geistvolle Musik, in der zuweilen echtes Gefühl die Parodie durchdringt, echter Schmerz den geheuchelten verblassen läßt. Orchester- und Ensemble-Sätze sind von großem Reichtum, von bestrickender Schönheit. Aber eben dies: daß die Musik weit über den Rahmen der oberflächlichen Handlung hinausging, brachte dem Werk kein rechtes Glück. Der Komponist erhielt 200 Dukaten als Honorar und ›Cosi fan tutte‹ wurde zehnmal aufgeführt, ein Jahr später auch in Prag und Dresden. Entscheidende Auswirkungen auf Mozarts Notlage ergaben sich nicht.

Zweimal hat er in den letzten Lebensjahren noch Reisen unternommen, von denen er sich eine Besserung seiner Verhältnisse versprach. Zu der ersten, nach Leipzig und Berlin, lud ihn im April 1789 einer seiner Schüler ein. Es war Fürst Carl Lichnowsky, der spätere Gönner Beethovens. Er bot Mozart einen Platz in seinem Wagen an. Konstanze mußte daheim bleiben, was die immer unternehmungslustige Frau bestimmt gekränkt hat. Mozarts Briefe von verschiedenen Reisestationen bemühen sich, sie aufzuheitern und in oft rührender Form seiner Liebe zu versichern.

Die Reise ging zunächst nach Prag, wo er erfuhr, daß seine Freundin Josefa Duschek sich gegenwärtig in Dresden aufhielt. Er suchte sie dort sofort nach seiner Ankunft auf und wurde voller Freude empfangen. In einem Hofkonzert spielte er sein D-dur-Klavierkonzert und war tags darauf Gast des russischen Gesandten. Bei diesem und in der Hofkirche fanden Wettspiele zwischen Mozart und dem damals in Dresden sehr geschätzten Orgel- und Klavierspieler Hässler statt, wobei Mozarts Spiel »grenzenlosesten Beifall« erhielt. Wir wissen auch von einem Besuch bei Christian Gottfried Körner, dem Freund Schillers. Gustav Parthey berichtet über diesen Besuch:

»Am 16. oder 17. April war Mozart im Körnerschen Haus zu Tisch geladen. Mozart hatte sich kurz vor der Essenzeit eingestellt. Nach einer Fülle von galanten Redensarten, wobei er in seiner lebhaften Art besonders der damals neunundzwanzigjährigen Dora Stock, der unverheirateten Schwester der Frau vom Hause, die naivsten Schmeicheleien sagte, setzte er sich ans Klavier und begann zu phantasieren. Im benachbarten Eßzimmer dampfte die Suppe, aber man mußte sie kalt werden lassen, da es niemand wagte, den Meister zu stören, der, in seine Welt verloren, Menschen und Gesellschaftssitte vergessen hatte. Schließlich legte Dora ihre Hände leise auf Mozarts Schulter und sagte ihm: Mozart, wir gehen zu Tisch. Wollen Sie mit uns essen? Küß die Hand, Gnädigste! gab er artig zur Antwort. Ich werd gleich kommen. Er vergaß es aber und spielte weiter und saß auch nach zu Ende gegangenem Mittagsmahle noch am Klavier.«

Die Reise führte von dort nach Leipzig und Potsdam, schließlich, nach einem Konzert in Leipzig, nochmal nach Berlin. Hier hatte Mozart wohl auf Friedrich Wilhelm II. gehofft, der selber ausgezeichnet Cello spielte, eine gute Hofkapelle unterhielt und neben der italienischen und französischen auch die deutsche Oper förderte. »Auf lautes Begehren« wurde an diesem Abend im Schauspielhaus am Gendarmenmarkt gerade die ›Entführung‹

Mozart bei einer Aufführung der ›Entführung aus dem Serail‹ im Berliner Schauspielhaus am Gendarmenmarkt

gegeben. Mozart war erst gegen Abend angekommen und erkundigte sich beim Kellner, ob es irgendeine Musik gäbe? Es wird berichtet:

»Kellner: O ja, soeben wird die deutsche Oper angegangen sein!
Mozart: So? Was geben sie heute?
Kellner: ›Die Entführung aus dem Serail‹.
Mozart rief lachend: Charmant!
Kellner: Ja! Es ist ein recht hübsches Stück. Es hats komponiert – wie heißt er nur gleich –?

Indessen war Mozart im Reiserock, wie er war, schon fort. Im Theater bleibt er ganz am Eingange des Parterre stehen, um da ganz unbemerkt zu lauschen. Bald freut er sich so sehr über den Vortrag einzelner Stellen, bald wird er aber auch unzufrieden mit dem Tempo, bald machen ihm die Sänger und Sängerinnen zuviel Schnörkeleien – wie er's nannte; kurz, sein Interesse wird immer lebhafter und er drängt sich unbewußt näher dem Orchester zu, indem er bald dies, bald jenes, bald leiser, bald lauter brummt und murret und dadurch den Umstehenden, die auf das kleine, unscheinbare Männchen im schlechten Oberrocke herabsehen, Stoff genug zum Lachen gibt, wovon er aber natürlich nichts weiß. Endlich kam es zu Pedrillos Arie ›Frisch zum Kampfe, frisch zum Streite‹.

Die Direktion hatte entweder eine unrichtige Partitur, oder man hatte darin verbessern wollen und der zweiten Violine bei den oft wiederholten Worten ›Nur ein feiger Tropf verzagt‹ dis statt d gegeben.

Hier konnte Mozart sich nicht länger halten; er rief fast ganz laut in seiner freilich nicht verzierten Sprache: Verflucht, wollt Ihr d greifen! Alles sah sich um, auch mehrere aus dem Orchester. Einige von den Musikern erkannten ihn, und nun ging es wie ein Lauffeuer durch das Orchester und von diesem auf die Bühne: Mozart ist da! Einige Schauspieler, besonders die sehr schätzbare Sängerin Madame B., die das Blondchen spielte, wollte nicht wieder heraus auf das Theater. Diese Nachricht lief rückwärts an den Musik-Direktor, und dieser sagte sie in der Verlegenheit Mozarten, der nun rasch bis hinter ihn vorgerückt war. Im Augenblicke war dieser hinter den Kulissen.

Madame, sagte er zu ihr, was treiben Sie für Zeug! Sie haben herrlich, herrlich gesungen, und damit Sie's ein andermal noch besser machen, will ich die Rolle mit ihnen einstudieren!«

Mozart wurde zu einem Hofkonzert bei der Königin befohlen und freundlich aufgenommen; der König bat ihn um Streichquartette und leichte Klaviersonaten für die Prinzessin. Mozart erhielt 100 Friedrichsdor. Daß der König ihn habe als Kapellmeister engagieren wollen, scheint ein Märchen zu sein. Konstanze schrieb er jedenfalls: »Mein liebstes Weibchen, Du mußt Dich bei meiner Rückkunft schon mehr auf mich freuen als auf das Geld.«

In Berlin kam es zu einem Wiedersehen mit Mozarts kleinem Wohnschüler, Johann Nepomuk Hummel, der hier konzertierte. »Als der Knabe ihn unter den Zuhörern gewahrte, konnte er kaum an sich halten, stürzte nach beendigtem Spiel durch das versammelte Publikum auf ihn zu und umarmte ihn unter den zärtlichsten Begrüßungen.«

Das eindrucksvollste Erlebnis dieser Reise war die Begegnung mit den Thomanern und dem vierundsiebzigjährigen Kantor Johann Friedrich Doles, der noch Schüer des alten Bach gewesen war. Der Chor überraschte Mozart mit dem Gesang der Motette ›Singet dem Herrn ein neues Lied‹. Bis zu diesem Zeitpunkt hatte er von Bachs Kirchenwerken nur die h-moll Messe kennengelernt. Schon nach einigen Takten rief er: Was ist das? – und – so berichtet Friedrich Rochlitz »– nun schien seine ganze Seele in seinen Ohren zu sein. Als der Gesang geendigt war, rief er voll Freude: Das ist doch einmal etwas, woraus sich was lernen läßt! – Man erzählte ihm, daß diese Schule, an der Sebastian Bach Kantor gewesen war, die vollständige Sammlung seiner Motetten besitze und als eine Art Reliquie aufbewahre.

Das ist recht, das ist brav, rief er. Zeigen Sie her!

Man hatte aber keine Partitur dieser Gesänge, er ließ sich also die ausgeschriebenen Stimmen geben – und nun war es für den stillen Beobachter eine Freude zu sehen, wie eifrig sich Mozart setzte, die

Stimmen um sich herum, in beide Hände, auf die Knie, auf die nächsten Stühle verteilt und, alles andere vergessend, nicht eher aufstand, bis er alles, was von Sebastian Bach da war, durchgesehen hatte.«

Auch in Leipzig hat Mozart mit Josefa Duschek zusammen ein Konzert, und zwar im Gewandhaus, gegeben, das künstlerisch erfolgreich, finanziell jedoch wenig ergiebig war. Danach soll er den alten Geiger Berger noch mit in sein Quartier genommen und ihm vorgespielt haben, »wie sichs für Kunstverständige gehört«. Gegen Mitternacht sagte er aufspringend: »Hab ichs recht gemacht? Jetzt haben Sie Mozarten gehört. Das übrige können andere auch.«

Gleich nach seiner Rückkehr schrieb Mozart das erste der Streichquartette für Friedrich Wilhelm II., ein anmutiges Werk mit einer Fülle von einprägsamen Melodien, unter besonderer Berücksichtigung des Cello-Parts, den der König zu spielen pflegte. Er erhielt dafür eine goldne Dose mit 100 Friedrichsdor und ein huldvolles Schreiben.

Seine finanzielle Lage war beängstigend, Konstanze schwer krank, so daß er ständig zwischen Angst und Hoffnung schwebte. Versuche, bei sich zu Hause Subskriptionskonzerte zu veranstalten, mißlangen gänzlich. Auf der umhergeschickten Liste war nur ein einziger Name eingetragen worden: Van Swieten. Verzweifelt schrieb er an Puchberg: »Gott! Ich bin in einer Lage, die ich meinem ärgsten Feinde nicht wünsche; und wenn Sie, bester Freund und Bruder, mich verlassen, so bin ich unglücklicher- und unschuldigerweise samt meiner armen kranken Frau und Kind verloren. – Schon letztens, als ich bei Ihnen war, wollte ich mein Herz ausleeren – allein ich hatte das Herz nicht – und hätte es noch nicht – wenn ich nicht wüßte, daß Sie mich kennen, meine Umstände wissen und von meiner Unschuld, meine unglückselige, höchst traurige Lage betreffend, gänzlich überzeugt sind. O Gott! anstatt Danksagungen komme ich mit neuen Bitten!«

Der Tod Josephs II. im Februar 1790 verschlechterte Mozarts Lage noch mehr. Der Nachfolger, Leopold II., bevorzugte den italienischen Opernstil. Man erzählte sich, daß er ein neues Opernhaus bauen und die Logen darin zum Kartenspiel einrichten wolle. Wenigstens durfte Mozart in seinem Amt als Kammermusikus bleiben. Kompositionsaufträge wurden ihm nicht zuteil, und alle Versuche, eine zweite Kapellmeisterstelle oder den Unterricht der Prinzen zu erhalten, blieben erfolglos. Beim Besuch des Königspaares von Neapel wurde er vom Hof stillschweigend übergangen. Zur Kaiserkrönung Leopolds II. in Frankfurt reisten Salieri, Ignaz Umlauf und 15 Kammermusiker des Hofes; Mozart wurde nicht einmal aufgefordert. Da er sich von diesem festlichen Ereignis jedoch einiges für die Musik versprach, beschloß er schließlich, auf eigene Faust hinzufahren. Zuvor mußte er sein Silberzeug versetzen, um sich mit dem nötigen Geld versehen zu können. Er nahm seinen Schwager, Franz Hofer, im eigenen Wagen mit; Kutscher und Pferde wurden unterwegs gewechselt. Da Frankfurt infoge der Krönungsfestlichkeiten überfüllt war, fanden sie zuerst nur in einem Gasthof in Sachsenhausen Unterkunft, dann in der Frankfurter Adler-Apotheke. Hier begegnete Mozart dem Theaterdirektor Böhm, einem alten Salzburger Bekannten, der mit seiner Truppe in Frankfurt auftrat. Noch einmal schöpfte Wolfgang Mut und schrieb an Konstanze:

»– nun bin ich fest entschlossen, meine Sachen hier so gut als möglich zu machen, und freue mich dann herzlich wieder zu Dir. Welch herrliches Leben wollen wir führen, ich will arbeiten – arbeiten – um damit durch unvermutete Zufälle nicht wieder in eine so fatale Lage komme... Wenn die Leute in mein Herz sehen könnten, so müßte ich mich fast schämen – es ist alles kalt für mich – eiskalt. Ja, wenn Du bei mir wärest, da würde ich vielleicht an dem artigen Betragen der Leute gegen mich mehr Vergnügen finden – so ist es aber so leer...«

Mozart wurde bald in einen Strudel von Besuchen und Verabredungen gezogen. Nach Ablauf der Krönungsfeier veranstaltete er am 15. Oktober sein Konzert, welches »von Seiten der Ehre herrlich, aber in Betreff des Geldes mager ausgefallen ist... Ich war aber ungeachtet diesem allem so gut aufgelegt und gefiel so sehr, daß man mich beschwor, noch eine Akademie am künftigen Sonntag zu geben. Montag reise ich dann ab.«

Konstanze scheint ihm brieflich eifersüchtige Vorwürfe gemacht zu haben, wenigstens beschwört er sie mit den Worten: »Du solltest mich doch besser kennen – o Gott! liebe mich nur halb so, wie ich Dich liebe.« Er schließt einen Brief, wie so häufig, mit dem lustigen Schnörkel: »Als ich die vorige Seite schrieb, fiel mir auch manche Träne aufs Papier, aber nun lustig – fange auf – es fliegen erstaunlich viele Busserln herum ... was Teufel! – ich sehe auch eine Menge ... Ha! Ha! ... ich hab drei erwischt – die sind kostbar!«

Bald nach seiner Rückkehr ergab sich eine der größten Chancen seines Lebens. Der Geiger und Londoner Konzertunternehmer Johann Peter Salomon hatte Joseph Haydn für seine Londoner Konzerte engagiert, ihn zur Komposition von sechs Sinfonien verpflichtet und ihm in jeder Beziehung großzügige Einnahmen zugesichert. Er wollte Mozart unter ähnlich günstigen Bedingungen zu einem späteren Zeitpunkt engagieren. Zuvor war Mozart schon von der italienischen Operntruppe in London aufgefordert worden, für ein halbes Jahr nach England zu kommen, zwei Opern zu komponieren und diese selber mit der Londoner Stagione einzustudieren. Doch all diese aussichtsreichen Pläne kamen nicht mehr zur Ausführung.

Mozart hat in den bedrückenden Jahren 1789 und 1790 weniger komponiert als sonst. Außer ›Cosi fan tutte‹ entstanden einige seiner schönsten Werke: die letzten Quartette für den König von Preußen, in D, B und F, das Streichquintett g-moll und, als Höhepunkt seiner Kammermusik mit Bläsern, das Klarinetten-Quintett. Van Swieten beauftragte ihn, ›Cäcilienode und Alexanderfest‹ von Händel zu bearbeiten. Die Bezahlung des sparsamen Holländers war sicher gering, doch Mozart liebte Händels Musik und hat beide Werke wahrscheinlich in der Kavaliersgesellschaft zur Aufführung gebracht. Auch zahllose Kontertänze, Menuette und »Deutsche« entstanden, Auftragsarbeiten für Hof-Redouten und Maskenbälle. Wien war eine tanzfreudige, ja tanzwütige Stadt, und Joseph II. begünstigte diese Neigung. In öffentlichen Redouten und Maskeraden »ein demokratisches Mittel zur Annäherung der Stände« zu sehen, war ein Gedanke der Aufklärung.

Das Menuett, der hochstilisierte Tanz von Hof und Adel, galt um diese Zeit schon als etwas veraltet. Modern und revolutionär war der Kontertanz im 2/4 Takt; er war von England nach dem Kontinent gekommen. Er wurde nicht, wie das Menuett, nur von einzelnen hochgestellten Paaren, sondern von der gesamten Gesellschaft getanzt. Aus der französischen Form des Kontertanzes, dem Cotillon, hat sich die Quadrille entwickelt. Die »Deutschen« oder Ländler, Vorgänger des Walzers, waren am volkstümlichsten: Jeder konnte sie tanzen, während das Menuett mit seinen komplizierten Schritten von bestimmten Partnern regelrecht eingeübt werden mußte. Wie aufschlußreich ist die Ball-Szene in ›Don Giovanni‹, in der alle drei Tanzformen, kunstvoll ineinander verschlungen, gleichzeitig erklingen. Die vornehmen Gäste tanzen Menuett, Don Giovanni läßt sich herab, mit Zerline den bürgerlichen Konter zu tanzen, und der dritte Stand vergnügt sich beim »Deutschen«. In Tänzen dieser Art hat Mozart gern beliebte Themen anderer Komponisten zitiert, manchmal auch solche aus eigenen Opern. Im Gegensatz zu vielen berühmten Musikern war Mozart ein passionierter und gewandter Tänzer.

Mitten in den traurigen kalten Wintertagen des Januar 1791 schrieb Mozart für eine Zeitschrift das Kinderliedchen ›Sehnsucht nach dem Frühling‹, das als Volkslied Allgemeingut geworden ist: »Komm, lieber Mai, und mache die Bäume wieder grün . . .«

Die Zeit der Zauberflöte

1791, Mozarts letztes Lebensjahr. Er hatte an den Wienerischen Stadt-Magistrat ein Gesuch gerichtet, in dem er bat, dem kränkelnden Organisten des Stephansdomes, Leopold Hofmann, unentgeltlich assistieren zu dürfen: »Da meine musikalischen Talente und Werke, so wie meine Tonkunst im Auslande bekannt sind, man überall meinen Namen einiger Rücksicht würdiget und ich selbst am hiesigen Hofe als Kompositor angestellt zu sein seit mehreren Jahren die Gnade habe.« Sein Gesuch war gnädigst bewilligt und vermerkt worden, daß er nach Hofmanns Ableben dessen Amt übernehmen könne, wenn er sich mit dem Gehalt begnüge. Doch der alte Organist überlebte Mozart.

Da Ponte, der nach London ging, redete ihm zu, mitzukommen, um für die dortige italienische Oper schreiben und tätig sein zu können. Doch zu so weitreichenden Unternehmungen brachte Mozart den Mut nicht mehr auf. Glänzende Aussichten eröffneten sich erst kurz vor seinem Tod. Im November 1791 ließen Vertreter des ungarischen Adels sowie Amsterdamer Musikliebhaber ihn wissen, daß sie ihm beträchtliche jährliche Zahlungen zuwenden wollten, für die er nur wenig Arbeit zu leisten brauche. Mit einem Schlag wäre er aller Sorgen enthoben gewesen! Dazu kamen von etwa 1794 an die Erfolge und Erträge der gedruckten Werke wie der Opern, vor allem der Zauberflöte. Wäre Mozart nur ein paar Jahre älter geworden, dann hätte er keine nagenden Sorgen mehr gehabt, keine Bettelbriefe an Puchberg schreiben, kein Silber versetzen und auf die Versatzzettel wiederum Geld zu Wucherzinsen aufnehmen müssen. Dann hätte er als einer der erfolgreichen Zeitgenossen gegolten, wie Hasse, Salieri, Weigl – Komponisten, von denen heute kaum noch gesprochen wird.

Zu Beginn dieser letzten Lebensperiode begegnete Mozart einem alten Freund der Salzburger Jugendzeit wieder, dem Theaterdirektor Emanuel Schikaneder. Er war fünf Jahre älter als Wolfgang, »groß, sehr wohl gewachsen und hat eine ausgebildete, schöne Stellung«,

Dora Stock in Dresden zeichnete 1789 den schon leidenden Mozart

wie ein Zeitgenosse berichtet. »Sein Anstand, seine männlich reine Sprache, sein Gebärdenspiel ... alles zeigt in ihm den guten Schauspieler. Im Singspiel nimmt er meist die komischen Rollen.« Schikaneder war jahrelang mit seiner beliebten Truppe durch Süddeutschland, Österreich und Ungarn gereist, eine Zeitlang Mitglied des National-Theaters gewesen und seit 1789 Mitdirektor des Theaters im Freihaus auf der Wieden. Als Mozart ihn, privat und als Logenbruder, wiedertraf, war er erfolgreich; sein ›Dummer Anton‹ machte den beliebten Kasperl-Stücken in der Leopoldstadt Konkurrenz. Er schlug Wolfgang vor, eine Zauberoper zu schreiben und meinte, einen guten Stoff wüßte er bereits. Eine deutsche Oper, Wolfgangs innigster Wunsch – und ein Auftrag! Er sagte mit Freuden zu. Jahrelang hatte er an das »Teutsche National-Singspiel« vergebliche Hoffnungen geknüpft. Trotz der so erfolgreichen ›Entführung aus dem Serail‹ war kein ähnlicher Auftrag des Hoftheaters erfolgt. Danach hatte er sich anderen Stoffen zugewandt, ›Figaros Hochzeit‹ aus Frankreich, ›Don Juan‹ aus Spanien: europäischen Stoffen mit allgemein menschlichen Problemen. Und das Menschliche war es auch, das ihn an der Zauberflöten-Fabel anzog.

Wahrscheinlich erhielt Mozart von Schikaneder das übliche Komponistenhonorar, also hundert Dukaten. Er wurde nach Mozarts Tod verdächtigt, ihm zu wenig gezahlt, ihn übervorteilt zu haben. Auch Konstanze behauptete es. Doch scheint es wenig wahrscheinlich. Schikaneder war großzügig, zudem hatte er damals Erfolg. Eine Flugschrift, die 1801 in Wien kursierte, legte Mozart folgende Knittelverse in den Mund:

Aber du hast mich zu einer Zeit erwählt,
Wo mich so mancher Scharlatan geschelt.
Du hast verstanden, was ich kann und vermag
Und warst mein Freund vom echten Schlag.
Du gabst mir Gelegenheit, mich zu zeigen,
Und ich machte mir deinen Plan zu eigen.
Lache dazu, wenn man jetzt schimpft oder flucht!
Ich war ja zu haben. Warum haben's mich nicht g'sucht?

Schikaneder als Papageno

Ungefähr so wird es gewesen sein: Mozart wäre zu haben gewesen, hätte der Hof, hätte die Oper ihn gesucht.

Nun machte er sich sofort an die Arbeit. Der Entwurf des Textbuches zur ›Zauberflöte‹ stammte von Schikaneder. Es folgte mannigfaltigen Anregungen. Erkennbar ist die Anlehnung an Geblers ›König Thamos von Egypten‹, ein Stück, das Wolfgang schon in der ersten Wiener Zeit beschäftigt hatte. Motive aus anderen Werken traten hinzu, vor allem aber Grundgedanken des Freimaurertums, dem sich beide, Schikaneder wie Mozart, eng verbunden fühlten. Sie geben dem opernhaften Geschehen den tieferen Gehalt durch Verherrlichung des Humanitäts-Ideals. Davon hebt sich das Volkstümliche der Papageno-Welt lustig und kräftig ab. Schikaneder hatte das Gespür für den Wienerischen Tonfall – und er schrieb sich diese Rolle auf den Leib. Die Melodie zu »Ein Mädchen oder Weibchen«, mit Anklängen an ein damals beliebtes Volkslied, soll er beigesteuert haben. Im Text blieb zwar manches unbeholfen und derb, doch das Ganze strahlte märchenhaften Reiz aus. Er bezauberte Mozart.

Tamino und Pamina, die beiden Hauptgestalten, bestehen alle ihnen auferlegten Prüfungen durch die Liebe zueinander. Dabei leistet eine Zauberflöte, die dem Werk den Namen gibt, hilfreiche Dienste. Aus dem gütigen Zauberer zahlloser Märchen ist hier Sarastro, ein Priester der Menschenliebe, geworden, in dessen Reich man »die Rache nicht kennt«. Paminas Mutter, die sternenflammende Königin, der tückische Monostatos, sind den nächtigen Geistern zugeordnet. Papageno, dieser liebenswürdige Bruder des unsterblichen Kasperl, verkörpert den Durchschnittsmenschen, der seine menschlichen Schwächen mit der Feststellung beschönigt: »Je nun, es gibt ja noch mehr Leute meinesgleichen!« Man kann verstehen, daß sich Mozart nach der endgültigen Herausbildung des Buches, an dessen Gestaltung er weitgehend Anteil genommen hat, mit Begeisterung an die Komposition machte.

Konstanze erwartete im Juli ihr sechstes Kind. Von den fünf bisher geborenen hatte mit Ausnahme von Carl keines das Säuglingsalter überlebt. Sie gebrauchte wieder einmal die Kur und hielt sich während der Frühlings- und Sommermonate in Baden auf. Den jetzt

Mozarts Söhne um 1798

sechsjährigen Carl hatte sie bei sich. Mozart mühte sich, das Geld für die Kosten aufzubringen, sorgte sich um ihr Wohlbefinden und lebte einsam in der Rauhensteingasse; in einer Wohnung, deren bescheidene Einrichtungsgegenstände nach und nach zum Versatzamt wanderten. Der ihm ergebene Hausmeister Deiner aus der Silbernen Schlange, einem Lokal, in dem er zuweilen aß, betreute ihn, da das Hausmädchen aus Sparsamkeitsgründen entlassen worden war. Man kann sich vorstellen, wie trübselig Mozarts äußere Umgebung war, in der jedes Behagen fehlte. Er übernachtete deshalb jetzt manchmal bei Freunden: bei dem Sänger und Komponisten Benedikt Schack, seinem ersten Tamino, einem gebildeten, vielseitigen Musiker, der auch ausgezeichnet Flöte spielte. Er berichtet, Mozart habe zuweilen, während er selber sich noch anzog, an seinem Schreibtisch gesessen und an seinen Kompositionen weiter geschrieben. Auch bei seinem »Narren«, dem Hornisten Leutgeb, blieb Mozart manchmal über Nacht. Die tagelange Jagd nach Geld, die nie abreißende Sorge um Konstanze erschütterten seine schon geschwächten physischen Kräfte. Ab und zu besuchte er seine Frau in Baden, in der Zwischenzeit schrieb er ihr lustige Briefe, um sie bei guter Stimmung zu erhalten. Oft ließ er seinem Schüler Franz Xaver Süssmayr, der ihr dort Gesellschaft leisten und für Mozart musikalische Schreibarbeit erledigen mußte, allerhand Unsinn bestellen. Z. B.: »Gib dem N. N. eine Ohrfeige, und sag, Du hättest eine Fliege tot schlagen müssen, die ich sitzen gesehen hätte! adieu – paß auf – fang auf – bi-bi-bi 3 Busserln, zuckersüße, fliegen daher!« Ein andermal läßt er Süssmayr folgendes bestellen:

= = = = = = = = = = =
= = = = = = = = = = =
= = = = = = = = = = =
= = = = = = = = = = =

Was sagt er dazu? Gefällts ihm? Nicht sehr, glaub ich, es sind harte Ausdrücke! und schwer zu begreifen ...«

Schikaneder hatte Mozart sein Gartenhäuschen zum Arbeiten eingeräumt, das inmitten des Freihaus-Grundes stand. Das war ein großer Komplex zusammengebauter Häuser mit 6 Höfen, 32 Treppenaufgängen und 225 Wohnungen. Dazu gehörte eine eigene Kirche, Werkstätten fast aller Handwerker, eine Ölpresse, eine Apotheke und eine Mühle. Im großen Hof war ein schöner Garten angelegt worden mit Alleen, Blumenbeeten und eben jenem hölzernen Lusthäuschen, das heute im Salzburger Bastionsgarten seinen Platz gefunden hat. Das Theater lag an der Breitseite dieses großen Hofes, es war ein massiver, aus Steinen errichteter Bau, der 1000 Zuschauer faßte, dreißig Meter lang war und dessen Bühne mit den modernsten Einrichtungen der damaligen Bühnentechnik versehen war. Durchaus keine Schmiere! Auch hielt Schikaneder auf strenge Disziplin. Jedes Mitglied wurde durch einen feierlichen Eid auf die Befolgung der Hausgesetze verpflichtet. Gegenseitige Achtung, Anhänglichkeit an die Person des Direktors, Pünktlichkeit und künstlerisches Verantwortungsgefühl wurden gefordert. Nach Proben oder Aufführungen versammelten sich die Darsteller, von denen die meisten im Freihaus wohnten, in der vorhandenen Gaststätte; während der Sommermonate konnte man im Freien, unter Bäumen, sitzen. Oft ging es dort recht lustig zu. Mozart hat daran, soweit es seine Arbeit und sein schlechter Gesundheitszustand erlaubten, gern Anteil genommen.

Die Zauberflötenmusik ist zum großen Teil in Schikaneders Gartenhäuschen entstanden. Zum letztenmal umgab Natur Mozart beim Komponieren, magisch strömte sie in die Sphäre der sternenflammenden Königin, in die heitere Kinderwelt Papagenos, in die nächtigen und morgendlichen Stimmungen der Partitur. Noch nie ist Mozart eine so innige Verbindung mit naturhaftem Empfinden eingegangen wie in dieser Oper. Nicht im Sinne stereotyper Nachahmung, wie die Barockzeit sie liebte, nicht im Stil der späteren Romantik. Hier rauscht kein Sturm, hier rieselt kein Bächlein, es gibt keine Geisterjagd, keinen brüllenden Ozean. Auch die Naturwelt der Zauberflöte hat etwas Märchenhaftes.

Bei einem Besuch in Baden entstand für den Chorregenten Stoll die Motette ›Ave verum‹. Es ist, als habe sich Mozart bei ihrer Konzeption von aller Hast, aller Erdenpein gelöst. Dieser unendlich tröstliche Gesang erinnert an eine der wenigen Anekdoten, die etwas von seinem eigentlichen Wesen widerspiegeln. Bei einer Unterhaltung im Freundeskreis machte jemand die Bemerkung, wie ewig schade es sei, daß so viele große Musiker ihre besten Kräfte an die Kirche vergeudet und unnütze Messen und Motetten geschrieben hätten. Mozart, der am Fenster gestanden und, wie es seine Art war, auf der Fensterbank Klavier gespielt hatte, wandte sich um.

»Vergeudet?« rief er dem Sprecher zu. »Wieso vergeudet? Wissen Sie denn, Verehrtester, ob der Komponist Ihrer unnützen Messe nicht in einer Stimmung war, in der er just nichts als dies machen konnte? Ich selber habe manche Kirchenmusik geschrieben. Zeitweise war das mein Metier. Sprechen wir von diesen Messen nicht. Aber ich sage Ihnen, ich habe auch welche geschrieben, die wohl wert sind, an Orten der Andacht zu Gehör gebracht zu werden. Als ich sie schrieb, hab ich an keinen Christus, keinen Apostel, keine Madonna gedacht, wohl aber an Dinge, die unglücklichen Herzen den verlorenen Frieden wiederbringen können. Wenn mancher wüßte, daß er da drinnen wirklich Trost fände in seinem Erdenleid, so ginge auch der Aufgeklärteste in die Kirche. Oder anders gesagt: wo an heiligem oder profanem Orte durch die Musik Engel trösten und Madonnen singen, da, da ist die wahre Kirche!«

Während Mozart sich um seine Frau sorgt und täglich auf der Jagd nach irgendeinem Geldleiher ist: »Ich darf ihn nicht echapieren lassen – alle Tage um 7 Uhr früh bin ich schon bei ihm« – herrscht in Wien die größte Aufregung. Monsieur Blanchard, der berühmte Ballonfahrer, soll jeden Tag mit seiner Montgolfière aufsteigen. Worte Mozarts aus einem seiner Briefe an Konstanze zeigen, wie weit er sich innerlich von diesem Wienerischen Treiben schon entfernt hat.

»Ich kann Dir meine Empfindung nicht erklären, es ist eine gewisse Leere – die mir halt weh tut – ein gewisses Sehnen, welches nie befriedigt wird, folglich nie aufhört – immer fortdauert, ja von Tag zu Tag wächst; wenn ich denke, wie lustig und kindisch wir in Baden beisammen waren – und welch traurige, langweilige Stunden ich hier verlebe – es freuet mich auch meine Arbeit nicht, weil, gewohnt bisweilen auszusetzen und mit Dir ein paar Worte zu sprechen, dieses Vergnügen nun leider eine Unmöglichkeit ist. Gehe ich ans Klavier und singe etwas aus der Oper, so muß ich gleich aufhören – es macht mir zu viel Empfindung – basta!« Es ist eine der ganz seltenen Äußerungen Wolfgangs, in der er Konstanze in sein Inneres blicken läßt. Sonst bleibt er für sie, bis in die letzte Zeit hinein, der ewig verliebte Papageno, der lustige Hanswurst.

Im Juli holte er Konstanze und Carl nach Wien zurück, und am 26.7.1791 wurde sein jüngster Sohn, Franz Xaver Wolfgang, geboren.

Als Konstanze wieder in Wien war, gab es eine jener merkwürdig opernhaften Begegnungen, wie sie sich in Wolfgangs Leben mehrfach, immer in entscheidenden Lebensphasen, ereignet haben. Ein hagerer, grau gekleideter Mensch mit ernstem Gesicht erschien eines Tages und überbrachte Mozart einen Brief ohne Unterschrift. Er wurde darin in ehrerbietiger Weise gefragt, ob er sich verpflichten könne, eine Totenmesse zu schreiben, und wie hoch sich sein Honorar beliefe. Es sei zwecklos, nach dem Auftraggeber zu forschen, er würde ihn doch nicht ermitteln. Das Ganze hatte einen geheimnisvollen Zug; Mozart, der zu mystischen Vorstellungen neigte, sah in diesem »grauen Boten« mehr als nur den Abgesandten einer irdischen Instanz. Er sagte zu, die Arbeit zu übernehmen, bat jedoch um etwas Zeit und veranschlagte das Honorar mit 50 Dukaten. Der Bote brachte ihm eine Anzahlung; Mozart begann mit der Arbeit.

Inzwischen war er von den böhmischen Ständen beauftragt worden, eine Oper zur Krönung Leopolds II. in Prag zu liefern. Textgrundlage sollte ›La clemenza di Tito‹ von Metastasio, ›die Milde des Titus‹, sein, ein ziemlich blutarmes Gebilde aus vergangenen Seria-Zeiten. Mozart schrieb dazu eine echte Seria-Musik, schön, kunstvoll, etwas konventionell und nur an einigen Stellen von seiner Handschrift geprägt. Er mußte sich in einer Welt bewegen, deren starren Gesetzen er längst entwachsen war. Das Ganze ging zudem in größter Eile vor sich, er war erst wenige Wochen vor dem Aufführungstermin beauftragt worden.

Zur Einstudierung des Werkes nahm Mozart Konstanze mit, die Carl und den erst drei Wochen alten Säugling Bekannten anvertraut hatte. Franz Xaver Süssmayr, sein Schüler, mußte ihn ebenfalls begleiten, um ihn bei der Arbeit an den Secco-Rezitativen zu unterstützen. Im Begriff, den Reisewagen zu besteigen, sah sich Konstanze am Ärmel gezupft: Der geheimnisvolle graue Bote stand, wie aus der Erde gewachsen, vor den Mozarts und erkundigte sich, wie es nun mit dem Requiem werden würde. Mozart versprach, sich gleich nach der Rückkehr aus Prag an die Arbeit zu machen. Mehr und mehr beherrschte ihn die Vorstellung, daß er dieses Werk für sich selber schreibe – als seine eigene Totenmesse. Auch die Prager Freunde konnten ihn von dieser Vorstellung nicht abbringen. Zwar gab es neben der hastigen Beendigung der Komposition und den anstrengenden Proben auch heitere und entspannte Stunden in der geliebten Bertramka, doch wiederholt wurde Mozart von tiefer Melancholie befallen. Schon in Prag fühlte er sich krank; der eindeutige Mißerfolg des ›Titus‹ traf ihn deshalb besonders schwer. Es war eben eine Auftragsarbeit gewesen, die Mozart hatte annehmen müssen, weil er die 200 Dukaten Honorar so notwendig brauchte.

Nach der Heimkehr schrieb er die noch fehlenden Nummern der ›Zauberflöte‹, als allerletztes, wie stets, die Ouvertüre. Da Mozart das Orchester des Theaters und seine Leistungsfähigkeit kannte, wußte er, daß er mit diesem das Werk in wenigen Tagen einstudieren konnte. Unter den fünfunddreißig Musikern befanden sich vorzügliche Solisten. Die Proben während seiner Abwesenheit hatte der junge Kapellmeister Henneberg zu seiner Zufriedenheit geleitet, die Uraufführung dirigierte der Komponist selber. »Aus Hochachtung für ein gnädiges und verehrungswürdiges Publikum und aus Freundschaft für den Verfasser des Stückes«, wie es auf dem Programmzettel hieß.

Von der Aufführung sind uns genaue Angaben überliefert. Das Theater war zur Premiere festlich mit Wachskerzen illuminiert; »die Dekorationen übertrafen alle Erwartungen«. Es wurden drei Versenkungen benutzt, die Knaben schwebten auf einem Flugwerk herab, das schön mit Blumen geschmückt war; zwölfmal wechselte der Schauplatz. Der Palmenwald der Priester zeigte silberne Bäume mit goldenen Blättern; am Schluß verwandelte sich die ganze Bühne in eine riesengroße Sonne, in der Sarastro und seine Priester die Liebenden begrüßten, nachdem sie durch Wasser und Feuer geschritten waren. Eine Schülerin Mozarts, die siebzehnjährige Anna Gottlieb, sang die Pamina. Sie war außerordentlich musikalisch, besaß eine schöne Stimme und liebte Mozart zärtlich. Bald nach seinem Tod ist sie von der Bühne abgegangen. Benedikt Schack sang den Tamino, Mozarts Schwägerin Josefa Hofer die Königin der Nacht und Schikaneder den Papageno. Der Erfolg des ersten Aktes war matt, so daß Mozart bestürzt auf die Bühne kam und Schikaneder ihn beruhigen mußte. Gegen den Schluß zu steigerte sich der Beifall; die zweite Aufführung, die Mozart ebenfalls dirigierte, wurde ein voller Erfolg. Da Konstanze sich bereits wieder in Baden befand, schreibt er ihr in der Nacht vom 7. zum 8. Oktober 1791, freudig erregt:

»Freitag um halb 11 Uhr nachts.
Liebstes, bestes Weibchen! Eben komme ich von der Oper. Sie war ebenso voll wie allezeit. Das Duetto »Mann und Weib« und das Glöckchenspiel im ersten Akt wurde wie gewöhnlich wiederholt – auch im 2. Akt das Knabenterzett – was mich aber am meisten freuet, ist der stille Beifall! Man sieht recht, wie sehr und immer mehr diese Oper steigt. – Nun meinen Lebenslauf: Gleich nach Deiner Absegelung spielte ich mit Herrn von Mozart, der die Oper beim Schikaneder geschrieben hat, 2 Partien Billard. Dann verkaufte ich um 14 Dukaten meinen Klepper. Dann ließ ich mir durch Joseph den Primus rufen und schwarzen Kaffee holen, wobei ich eine herrliche Pfeife Toback schmauchte; dann instrumentierte ich fast das ganze Rondo vom Stadler... Um halb 6 ging ich beim Stubentor hinaus und machte meinen Favorit-Spaziergang über die Glacis ins Theater – Was sehe ich? was rieche ich? Don Primus ist es mit den Carbonadeln! Che gusto! Ich esse Deine Gesundheit – eben schlägt es 11 Uhr – vielleicht schläfst Du schon? St! St! St! – ich will Dich nicht aufwecken!«

Am nächsten Tag schreibt er ihr:
»Dem Süssmayr gib in meinem Namen ein paar tüchtige Ohrfeigen, und lasse ihn nur um Gottes willen keinen Mangel leiden! – Ich

möchte um alles in der Welt heut oder morgen von ihm den Vorwurf nicht haben, als hättet Ihr ihn nicht gehörig bedienet und verpfleget – gebt ihm lieber mehr Schläge als zu wenig!«

Nach der nächsten Zauberflöten-Aufführung beschreibt er, wie er von Papagenos Arie mit dem Glockenspiel hinter die Kulissen ging, »weil ich heute so einen Trieb fühlte, es selbst zu spielen. Da machte ich nun den Spaß, wie Schikaneder einmal eine Pause hat, so machte ich ein arpeggio – der erschrak – schauete in die Szene und sah mich – als es das 2. Mal kam – machte ich es nicht – nun hielt er und wollte gar nicht mehr weiter – ich erriet seine Gedanken und machte wieder einen Akkord – dann schlug er auf das Glöckchenspiel und sagte: halts Maul – alles lachte dann – ich glaube, daß viele durch diesen Spaß das erstemal erfuhren, daß er das Instrument nicht selbst schlägt. Übrigens kannst Du nicht glauben wie charmant man die Musik aufnimmt in einer Loge, die nahe dem Orchester ist – viel besser als auf der Galerie; sobald Du zurück kömmst, mußt Du es versuchen.«

Am 13. Oktober lud Mozart seinen Konkurrenten, der ihm so oft das Leben schwer gemacht hatte, den Hofkapellmeister Salieri, ein und holte ihn und die Sängerin Cavalieri im Wagen ab. Er brachte beide in eine Loge.

»Du kannst nicht glauben, wie artig beide waren – wie sehr ihnen nicht nur meine Musik sondern das Buch und alles zusammen gefiel. Sie sagten beide: Eine opera, würdig bei der größten Festivität vor dem größten Monarchen aufzuführen – und sie würden sie gewiß sehr oft sehen, denn sie haben noch kein schöneres und angenehmeres Spektakel gesehen.«

Sein Söhnchen Carl, das in einem Internat in Perchtoldsdorf untergebracht war, hatte er ebenfalls mitgenommen. »Ich soupierte mit Carl bei Hofer. Dann fuhr ich mit ihm nach Hause, allwo wir beide herrlich schliefen. Dem Carl habe ich keine geringe Freude gemacht, daß ich ihn in die Oper abgeholt habe. Er sieht herrlich aus – für die Gesundheit könnte er keinen besseren Ort haben, aber das übrige ist leider elend! – einen guten Bauern mögen sie wohl der Welt erziehen! ... übrigens ist er zwar nicht schlechter, aber auch um kein Haar besser als er immer war. Er hat die nämliche Unform, plaget gerne wie sonst und lernt fast noch weniger gern, weil er draußen nichts als vormittags 5 und nach Tisch 5 Stunden im Garten umhergeht, wie er mir selber gestanden hat, mit einem Wort, die Kinder tun nichts als essen, trinken, schlafen und spazierengehen.«

Mozart, der von klein auf an intensive Arbeit gewöhnt worden war, mochte sich seine Gedanken über die weitere Entwicklung seines Sohnes machen.

Als Konstanze im November endlich aus Baden zurückkehrte, fand sie ihren Mann in denkbar schlechtem gesundheitlichen Zustand vor. Er arbeitete fieberhaft am Requiem – seinem Requiem. Konstanze befürchtete, daß diese Arbeit ihn zu sehr aufregen könne, und bat deshalb heimlich Freunde, ihn zu besuchen und abzulenken. Das geschah auch, aber Mozart ließ sich von seiner Arbeit durch nichts abbringen. Der Arzt, der gerufen wurde, verordnete Ruhe und Erholung. Eine genaue Diagnose kannte man damals noch nicht; es gab ja noch nicht einmal das Stethoskop. Auch nachdem Mozart Ende November bettlägerig geworden war, beschäftigten sich seine Gedanken ständig mit dem Requiem. Abends hatte er seine Uhr vor sich und verfolgte im Geist die ganze Zauberflöten-Aufführung mit. Er hörte den Beifall des Publikums, wenn der erste Akt zu Ende war, wenn »Dir große Königin der Nacht« erklang. Am Tage vor seinem Tod flüsterte er voller Sehnsucht: »Einmal möchte ich doch noch meine Zauberflöte hören!« Und summte, kaum vernehmlich: »Der Vogelfänger bin ich ja.« Kapellmeister Roser, der bei ihm war, setzte sich ans Klavier und sang ihm zu seiner Freude das Vogelfänger-Lied. Mehrmals ließ er sich die Partitur des Requiems bringen und ging mit seinem Schüler Süssmayr die fertigen und die erst skizzierten Partien des Werkes durch. Es wird berichtet, daß er am 4. Dezember mit Benedikt Schack, dem Schwager Hofer und dem Bassisten Gerl die fertigen Sätze daraus gesungen habe, wobei Mozart den Alt markierte. Nach den ersten Takten des Lacrimosa, das noch nicht weit gediehen war, brach er in Tränen aus. Es war ihm klar, daß er sein Werk nicht mehr vollenden würde.

Als Konstanze endlich begriff, wie ernst es um ihn stand, bat sie ihre Schwester Sophie, heimlich einen Priester, wie von ungefähr, ins Haus zu bringen. Es gelang nur mit Mühe. Mozart war kein eifriger Kirchgänger gewesen. Der Arzt, der ihn wenige Stunden vor seinem Tode noch aufsuchte, erklärte Konstanze, daß es keine Rettung mehr gäbe. Wolfgang Amadé Mozart starb in der ersten Stunde des 5. Dezember 1791, noch nicht sechsunddreißig Jahre alt. Herr van Swieten wurde benachrichtigt, der getreue Deiner kam, um seinen Herren in ein schwarzes Totenbruderschaftsgewand zu kleiden. Süssmayr blieb bei ihm. Die Leiche wurde im Arbeitszimmer, neben dem Klavier, aufgebahrt. Einige Freunde nahmen hier Abschied von dem Toten.

Herr van Swieten sorgte dafür, daß die verstörte Konstanze zu Bekannten gebracht wurde. Er riet ihr, ein Begräbnis 3. Klasse zu bestellen, das nur 8 Gulden 56 Kreuzer kostete. Beisetzungen fanden damals, in der Zeit der Aufklärung und der ständigen Seuchengefahr, schnell und ohne große Zeremonien statt. Einen Grabkult in unserm Sinne kannte man nicht. Mozart wurde in einem sogenannten Schachtgrab beigesetzt, in dem sechs Erwachsene in drei Reihen übereinander Platz fanden. Nach zehn Jahren wurden diese Gräber aufgelassen und für neue Beerdigungen freigegeben. Ehrenvolle Feiern, wie sie Gluck und später Haydn zuteil wurden, kamen nur bei Persönlichkeiten in Betracht, deren Ruhm allgemein anerkannt war. Mozarts wirkliche Bedeutung war im damaligen Wien nur einem kleinen Kreis musikalischer Kenner bewußt. Nach der Einsegnung im Stephansdom wandte sich der Leichenwagen, der noch einmal 3 Gulden gekostet hatte, ohne Begleitung von Angehörigen und Freunden dem St. Marxer Friedhof zu. Da auch die kranke Konstanze ihm nicht folgte, konnte sie später nicht angeben, wo Mozart beerdigt worden war. Allerdings stellte sie erst nach über siebzehn Jahren Ermittlungen an. Da war der Totengräber von 1791 längst selbst gestorben. Mozarts Grab ist unbekannt geblieben.

Die Hinterlassenschaft war gering. Sie betrug etwa 200 Gulden an Barmitteln und den Hausrat, der mit 400 Gulden eingeschätzt wurde. Demgegenüber standen etwa 3000 Gulden an Schulden.

Konstanze, die es nie verstanden hatte, Mozarts wirtschaftliche Situation zu erleichtern und die schwer verdienten Einnahmen sinnvoll zu verwalten, überreichte sechs Tage nach seinem Tod ein Gnadengesuch an den Kaiser. Sie bat darin um eine Pension, die ihr im März 1792 gewährt wurde – wohlgemerkt aus Gnade. Ein Anspruch darauf bestand nicht. Sie erhielt ein Drittel von Mozarts Gehalt als k. k. Kammerkompositeur.

Die geheimnisvolle Bestellung des Requiems – Konstanze übergab es in der von Süssmayr beendigten Fassung zwei Monate nach Mozarts Tod dem grauen Boten – klärte sich später in höchst nüchterner Weise auf. Graf Franz von Walsegg zu Stuppach, der Auftraggeber, komponierte selber und hatte den Ehrgeiz, vor seinem Hausorchester als großes Talent zu gelten. Er ließ ein Requiem für seine verstorbene Frau durch den Verwalter Leutgeb bei Mozart bestellen, um es mit bedeutungsvollem Lächeln seinen Musikanten zum Spiel vorlegen zu können. Deshalb mußte der kranke Mozart während seiner letzten Monate in der bedrückenden Vorstellung leben, daß es mit dem Requiem eine besondere Bewandtnis habe, daß es vielleicht sogar der Auftrag einer höheren Instanz sei.

Konstanze heiratete 1809 den Hofrat von Nissen, Legationssekretär der dänischen Gesandtschaft in Wien. Er war ihr Zimmerherr gewesen und ein großer Verehrer von Mozarts Musik.

In jahrelanger Arbeit legte Nissen den Grund zu einer umfassenden Materialsammlung für eine Mozart-Biographie. Leider sind zahlreiche Briefe Leopold Mozarts aus der Zeit seiner Eheschließung vernichtet worden, offenbar auf Konstanzes Betreiben. Erst lange nach Wolfgangs Tod, als sein Name bereits Weltruhm erlangt hatte, mag ihr staunend bewußt geworden sein, mit wem sie eigentlich neun Jahre lang verheiratet gewesen war.

Joseph Haydn erfuhr Mozarts Tod in London. »Ich war eine geraume Zeit ganz außer mir und konnte es nicht glauben, daß die Vorsehung so schnell einen unersetzlichen Mann in die andere Welt fordern sollte. Ich werde oft von meinen Freunden damit geschmeichelt, einiges Genie zu haben, doch er stand weit über mir... Die Nachwelt bekommt nicht in 100 Jahren wieder ein solch Talent!«

Während die Wiener Öffentlichkeit sich zunächst mit einer Zeitungsnotiz von siebeneinhalb Zeilen über Mozarts Tod begnügte, veranstalteten die Prager Musiker am 14. Dezember ein ergreifendes Requiem für ihn in der Pfarrkirche zu St. Nikolaus. Alle Glocken läuteten und es hatten sich Tausende von Menschen eingefunden, die der mächtige Bau nicht alle aufnehmen konnte. So standen viele draußen, schweigend, tiefbewegt. Ein Chor von 120 Stimmen sang, darunter die besten Künstler Prags. »Nie gab es ein so rührendes und erhabenes Trauerbegängnis«, heißt es in einem Bericht. Erst im April 1792 veranstaltete die Wiener Freimaurerloge eine Trauerfeier für Mozart, und gegen Ende des gleichen Jahres erschien, von der Loge herausgegeben, sein letztes vollendetes Werk, ›Die kleine Freimaurerkantate‹. Sie wurde zugunsten der Hinterbliebenen verkauft, wie auch der Ertrag der ersten Aufführung des von Süssmayr ergänzten Requiems 1793 Konstanze und den Kindern zugute kam.

Im Laufe weniger Jahre begann die musikalische Welt, Mozarts Bedeutung zu erkennen. Bereits vier Jahre nach seinem Tod war die ›Zauberflöte‹ in dreizehn Städten mit größtem Erfolg gegeben worden. Andere Opern folgten. Auch seine bedeutendsten instrumentalen Werke eroberten nach und nach die Konzertsäle. Sie konnten damals durch Abschrift oder Notenstich von jedermann verbreitet werden. Es bedurfte dazu nicht einmal des Einverständnisses der Witwe. Im Jahre 1799 hat Konstanze den gesamten noch in ihren Händen befindlichen Nachlaß Wolfgangs für 1000 Karolin an den Musikverleger André verkauft. Erinnerungen von Freunden erschienen, Berichte, erste biographische Versuche. Sein Requiem, das ihm bis zum letzten Atemzug so viel Kummer bereitet hatte, galt sehr bald als bevorzugte Trauermusik. 1841 entstand die erste Salzburger Mozarteum-Stiftung, aus der 1880 die Internationale Stiftung Mozarteum hervorging. Musikfeste, Tagungen, die Ausgaben des Mozartschen Gesamtwerkes folgten.

Die Zeit der anbrechenden Romantik war besonders hellhörig für Mozarts Musik. Namen wie E. T. A. Hoffmann, Sören Kierkegaard und Stendhal sind ihr verbunden. Gegen Mitte des 19. Jahrhunderts ging die Fähigkeit, sein Werk als Ganzheit, als magische Spiegelung der Welt zu sehen, wieder verloren. Dem saturierten Bürgertum dieser und der folgenden Jahrzehnte war Mozart ein heiterer Götterliebling, ein wirklichkeitsfernes Idol. Er wurde zum Klassiker erklärt. Im 20. Jahrhundert hat sich diese Auffassung wieder gewandelt. Man lernte die Vielfalt seiner Klänge, auch ihre Dämonie und Leidenschaft, erkennen, die seiner Umwelt so unbehaglich gewesen waren. Zweifellos gehörten sie mit zu den Ursachen, die ihm zu Lebzeiten den vollen Erfolg verwehrten. Ein Kritiker seiner Epoche, Hans Georg Nägeli, nannte ihn »einen Schäfer und Krieger, Schmeichler und Stürmer, bei dem weiche Melodien häufig mit scharfem, schneidendem Tonspiel, Anmut der Bewegung mit Ungestüm wechseln«. Das war kritisch gemeint; doch wie genau hat dieser schweizerische Musikverleger ihn gezeichnet! Es ist, als hätte er etwas von Mozarts shakespearehafter Vielfalt geahnt. Kein Komponist nach ihm hat sie erreicht.

Kammermusik und Sinfonik, Kirche und Opernbühne sind von ihm unendlich bereichert worden, und die phantasievolle Schönheit seiner zahllosen Gelegenheitswerke, all der Solo-Konzerte, Arien, Variationen, Lieder, Tänze, Serenaden und Nachtmusiken bezaubert bei jeder neuen Begegnung. Krankheit und quälende materielle Sorgen, erstaunliche Verständnislosigkeit der Umwelt, vor allem aber Mangel an geistiger Partnerschaft ließen seinen Weg zuletzt sehr einsam werden. Konstanze verstand ihn am besten, wenn er sich in der Sphäre Papagenos bewegte, und auf diesen Ton sind fast alle seine Briefe an sie gestimmt. Die anderen Seelen in seiner Brust – von Cherubino zu Sarastro, von Don Giovanni bis zu den Todesgesängen des Requiems – spiegelten sich in ihrem Innern kaum. Doch mag erst das Wissen um die Unzulänglichkeit der Menschen, die Mozart so oft und so schmerzlich erfahren mußte, jenes Erbarmen in ihm hervorgerufen haben, das sich in seinen schönsten Werken offenbart.

Vielleicht wird Mozart, dessen frühen Tod seinerzeit nur die Kenner beklagt haben, heute von der ganzen Welt so sehr geliebt, weil er unter allen großen Musikern der *menschlichste* gewesen ist.

Nachwort

Als Wolfgang Amadé Mozart 1791 starb, berichtete die Wiener Zeitung darüber mit siebeneinhalb Zeilen. Heute gibt es Tausende von Veröffentlichungen, ganze Institute, die seinem Leben und Schaffen gewidmet sind. Musikwissenschaftler, Musiker, Geschichtsforscher, Theaterkenner, Psychologen, Mediziner und Schriftsteller haben sich seit fast zweihundert Jahren mit dem Phänomen Mozart auseinandergesetzt.

Und trotzdem ein neues Mozartbuch? Es möchte musikinteressierten Jugendlichen und neugierigen Laien helfen, sich an die gewichtigeren Werke heranzutasten. Es möchte ihnen vor allem den Menschen Mozart im Rahmen seiner bewegten Zeit nahebringen. Auf knappstem Raum zitiert es die wichtigsten Briefe und dokumentarischen Berichte, aus denen die abenteuerlichen Reisen während der Kindheit, sein früher Erfolg, die spätere einmalige Stellung zwischen Adel, Bürgertum und Musikbediensteten ersichtlich werden. Äußere Umstände, an denen Mozarts materielle Existenz zerbrach, während sich seine künstlerische Mission erfüllte, werden berührt: die gesellschaftliche Umwelt, das Honorarwesen, das Fehlen jedes Urheber- und Sozialschutzes. Mozart hat in einer Zeit des aufgeklärten Despotismus gewagt, selbständig zu werden. Er ist einer der ersten freischaffenden Künstler gewesen. Und zugleich ein Musiker, der nicht nur, wie seine Vorgänger, den Weg nach Italien suchte. Auch französische, englische, deutsche und tschechische Einflüsse haben, neben denen Salzburgs und Wiens, an seiner künstlerischen Persönlichkeit mitgeformt. Mozart war ein europäischer Musiker!

Vielleicht vermag das Buch junge und erwachsene Leser zu ermutigen, sich intensiver mit Mozart zu befassen, sich ein eigenes Bild seiner Persönlichkeit und seines Werkes zu formen. Beide blieben über Jahrhunderte hinweg lebendig. Beide sind uns heute näher, als wir ahnen.

Das Buch stützt sich auf die umfassenden Werke der Mozart-Literatur, vor allem auf die Dokumente, Briefausgaben und Bildveröffentlichungen von Otto Erich Deutsch und Wilhelm H. Bauer, ferner auf Werke von Hermann Abert, Carl Bär, Alexander Buchner, Hermine Cloeter, Alfred Einstein, Ruediger Engerth, Walter Gerstenberg, Robert Haas, Alfred Heuss, Egon Komorszynski, Ernst Lert, Hans Mersmann, Georg Nikolaus von Nissen, Ludwig Nohl, Bernhard Paumgartner, Geza Rech, Ludwig Schiedermair, Arthur Schurig, Karl Storck, Erich Valentin u. a. Außerdem auf Aufsätze der Mozart-Jahrbücher 1941, 1942, 1950–1967.

Die Briefe von Vater und Sohn Mozart sind im Wortlaut, jedoch, der leichteren Lesbarkeit halber, in einer der unsrigen angeglichenen Schreib- und Ausdrucksweise wiedergegeben. Kürzungen sind durch ... angezeigt. Auf Notenbeispiele und Nummern des Köchelschen Verzeichnisses wurde verzichtet, um den Text nicht unnötig zu belasten. Ludwig Ritter von Köchel schuf das thematisch geordnete Verzeichnis der Mozartschen Werke, dessen erste Ausgabe 1862 erschien. Die in diesem Buch genannten Werke tragen folgende KV-Nummern:

Geldwerte zu Mozarts Zeit

100 Dukaten entsprachen damals etwa 450 Gulden
100 Dukaten erhielt Mozart für die Komposition einer Oper
100 Gulden, meist mit »fl« bezeichnet, entsprachen 1914 etwa 500 Mark
1 Guinee entsprach um diese Zeit etwa 21 Mark
100 Guineen betrug die Einnahme, die Leopold Mozart 1764 bei einem Konzert seiner Kinder in London hatte
3 Dukaten entsprachen etwa 1 Souverändor
1 Souverändor entsprach etwa 15 Gulden
1/2 Souverändor bezahlte Mozart in Wien für Saalmiete
800 Gulden betrug Mozarts Jahresgehalt als k. k. Kammerkompositeur
1000 Karolin erhielt Konstanze Mozart nach dem Tod ihres Mannes für noch in ihrem Besitz befindliche Manuskripte
1 Karolin entsprach etwa 11 Gulden
(Angaben nach A. Schurig, O. E. Deutsch, dtv-Lexikon)

Quellennachweis für den Bildteil

Reproduktionsgenehmigungen erteilten freundlicherweise:
Die Internationale Stiftung Mozarteum, Salzburg, S. 37, 60, 64, 73, 95, 136 Originale im Mozart-Museum Salzburg.
The University Art Collections, The University of Glasgow, S. 87
Bärenreiter-Verlag, S. 53
Musikbibliothek der Stadt Leipzig, S. 132
Mozart Gedenkstätte Augsburg, S. 6, 84
Alfred Cortot, Lausanne, S. 9
DILIA, Tschechoslowakische Agentur für Theater und Literatur, Prag, S. 82, 104
Sammlung Aloys Mooser, Genf, S. 124
Die Zeichnungen von Susanne Stolzenberg auf S. 34, 50, 60, 135 entstanden nach zeitgenössischen Vorlagen.